巴菲特

投資手冊

選股祕訣與實例演練

巴菲特投資手冊
──選股祕訣與實例演練

BUFFETT
STEP-BY-STEP

AN INVESTOR'S
WORKBOOK

理查・席蒙斯◎著　　范振光◎譯

財訊出版社

目錄

如何使用本書 ⋯⋯⋯⋯⋯⋯⋯⋯⋯⋯ 007

第一篇　閱讀大師 ⋯⋯⋯⋯⋯⋯⋯⋯ 011

1　巴菲特小傳 ⋯⋯⋯⋯⋯⋯⋯⋯ 013

2　波克夏的投資版圖 ⋯⋯⋯⋯⋯⋯ 019

3　先進對巴菲特的影響 ⋯⋯⋯⋯⋯ 031

第二篇　如何投資 ⋯⋯⋯⋯⋯⋯⋯⋯ 043

4　注意投資標的的價值
　　──關於價值的三個問題 ⋯⋯⋯⋯⋯⋯ 045

5　資訊的蒐集與解讀 ⋯⋯⋯⋯⋯⋯ 051

6　知識與直覺的運用 ⋯⋯⋯⋯⋯⋯ 057

7　商譽 ⋯⋯⋯⋯⋯⋯⋯⋯⋯⋯⋯ 061

8　資金分配 ⋯⋯⋯⋯⋯⋯⋯⋯⋯ 069

9　股東權益報酬率 ⋯⋯⋯⋯⋯⋯⋯ 073

10　增值報酬率 ⋯⋯⋯⋯⋯⋯⋯⋯ 079

11　價值的估算 ⋯⋯⋯⋯⋯⋯⋯⋯ 083

第三篇　實例研究 ⋯⋯⋯⋯⋯⋯⋯⋯ 089

12　美國運通公司 ⋯⋯⋯⋯⋯⋯⋯ 091

13 可口可樂公司 …………………………… 109

14 蓋可保險公司 …………………………… 131

15 吉列公司 ………………………………… 151

16 迪士尼公司 ……………………………… 173

17 華盛頓郵報公司 ………………………… 193

18 富國銀行 ………………………………… 211

練習題解答 ……………………………… 229

如何使用本書

本書的結構

本書有兩個目標：一是指出某些投資技巧的起源和正確性，二是介紹當代最成功的投資家如何發展並運用這些技巧。讀完本書，讀者應該能夠把這些技巧運用在自己的投資決策中。

本書第一篇介紹波克夏公司（Berkshire Hathaway Inc.）和最大股東巴菲特的故事，重點擺在巴菲特的企業經營決策。其次介紹影響巴菲特投資理念的知名投資家和作家。第二篇分析巴菲特投資法的理論基礎，主要探討三大觀念──對投資標的的熟悉程度（familiarity）、實質價值（intrinsic value）和安全邊際（margin of safety）；本篇同時也檢視現代企業財務理論的中心思想，結果發現理論有待改進。

最重要的部分是第三篇，巴菲特所投資公司的實例研究。除詳細介紹巴菲特進行投資時所採用的公開資訊，每一個實例都以第一、第二篇介紹過的技巧，分析公開資

訊，從而進行業務評估。每個實例都以「巴菲特採取的投資策略實際支付價格」和「後續發展」兩單元結尾。每個實例之後均設計了練習題，測驗讀者運用實例的能力。

實例研究

每個實例研究，都印證前面幾個篇章提到的全部或部分投資技巧。大多數的分析，單獨閱讀也可理解。有些較詳細的解釋，讀者確實要對企業的財務有基本認識；不過，大部分的解析並不牽涉專業知識，或者作者會從基礎介紹起。實例研究中的企業完整資料，以及字彙解釋和一個簡單的評估模型，都存在3.5吋的磁碟片中出售。欲購者請寄15英鎊或27美元至：

Richard Simmons
91 Odhams Walk
London WC2H 9SE
United Kingdom

練習題

每個實例研究的後面，都有幾個問題，以測驗讀者對該章節的資料和分析的了解程度。本書後面有參考答案，免費索取的磁碟片中有進一步問題的解答。記住，這些問題沒有標準答案，你懂得愈透澈，答案就愈複雜。

投資技巧的運用

要更加善用本書，最好把本書學到的技巧，運用到實際或規畫中的投資上。特別對於下列六個問題，你應該能

提出自己滿意的答案：
- 我了解大家爲什麼購買這家公司的產品嗎？
- 長期而言，這家公司能提高產品的銷售價格和數量嗎？
- 這家公司的管理階層是否具備能力和誠信，並且能妥善分配資金？
- 這家公司新增股票的中期報酬率是多少？
- 這家公司的價值是多少？
- 這家公司的價值和股價之間，有無吸引人的價差？

　　記住：沒有人強迫你投資。如果你無法回答這些問題，就放棄投資機會吧。

第 *1* 篇

閱讀大師

- 巴菲特小傳
- 波克夏的投資版圖
- 先進對巴菲特的影響

1 巴菲特小傳

　　華倫・巴菲特（Warren Edward Buffett），1930年8月
生於內布拉斯加州的歐瑪哈（Omaha），父親是股票經紀
人兼眾議員。巴菲特小時候似乎就因父親的工作，而開始
對股票感到興趣，並養成某種程度的保守作風。他11歲第
一次買股票時，已是「商場老手」。6歲時，全家出門度
假，他把六罐裝的可口可樂分開出售，從中賺了5美分
（本書稍後會提到可口可樂公司，巴菲特投資該公司股
票，迄今已獲利120億美元）。令人驚訝的是，他經常買以
前讓他賺到錢的公司股票——他少年時期每天送500份左
右的報紙，其中以《華盛頓郵報》（*Washington Post*）為
主。16歲時，他就靠送報賺了5,000美元；另外，1960年
代初期，他買賣美國運通（American Express）和迪士尼
（Disney）的股票，這些都成為1990年代他反覆進出的股
票。

　　巴菲特在賓州華頓商學院（Wharton School）唸了一
段時間後，轉往哥倫比亞商學院（Columbia Business Sch-
ool）就讀，成為葛拉漢（Benjamin Graham）的門徒。本

書第三章將敘述葛拉漢對巴菲特的影響。巴菲特在父親的
證券行工作幾年後，轉往葛拉漢的葛拉漢—紐曼基金公司
（Graham-Newman）服務。他對個股的看法和葛拉漢未必
全然一致，一開始兩人功力不分軒輊，後來巴菲特更勝一
籌。到1956年爲止的六年期間，他把1萬美元變成14萬，
遠超過葛拉漢—紐曼基金公司和股市大盤的表現。從他這
段期間買進的個股來看，巴菲特基本上是追隨葛拉漢的腳
步。他經常買進以資產淨額或流動資產淨額而言屬於低價
的股票，在公司財務資訊並不是很公開的那個時代，他會
努力挖掘必要的資訊。葛拉漢1956年退休，點名26歲的巴
菲特爲唯一接班人。葛拉漢—紐曼基金公司後來結束營
業，巴菲特回到歐瑪哈自行創業。

自創巴菲特股份有限公司

　　巴菲特的聲譽、處理數字能力、過人的記憶力和自
信，很快就吸引眾人委託他投資。親戚、鄰居、大學同
學、當地專業人士和相信葛拉漢理論的民眾，都放心把錢
交給年輕的巴菲特。當時的巴菲特投資股份有限公司有
一、兩個特別的地方。第一，投資人不知道資金何去何
從，只有巴菲特一人知道買賣的是哪些股票；第二，合夥
人比巴菲特先拿到投資利潤，通常是每年4%。公司的獲

巴菲特的聲譽、處理數字能力、過人的記憶力和自信，
很快就吸引眾人委託他投資。親戚、鄰居、大學同學、
當地專業人士和相信葛拉漢理論的民眾，都放心把錢交
給年輕的巴菲特。

利扣掉給合夥人的4%後，餘額分成兩部分，75%分配給合夥人，25%給巴菲特。如果公司獲利表現不佳或虧損，巴菲特得不到任何酬勞。巴菲特股份有限公司（Buffett Partnership Ltd.）成立後的前幾年，都依循葛拉漢一貫的操作手法，逢低買進股票。

合夥人查理‧曼格

查理‧曼格（Charlie Munger）是波克夏公司的副總裁兼合夥人。他小時曾在巴菲特祖父經營的雜貨店工作，我相信這個小時候的關連吸引巴菲特對他感興趣。

曼格也想成為有錢人，他們成年後再見面時，曼格已開了一家律師事務所。他覺得巴菲特「搶錢」的方式比當律師容易發財，所以在1962年自創投資公司。創立後的八年期間，曼格公司的表現不但遠超過大盤，甚至也優於巴菲特的公司。

曼格和巴菲特發現他們有很多共同點，而且因為投資標的近似，彼此牽制愈來愈大。1970年代兩人逐漸展開合作，最後雙方合併成波克夏公司。曼格擔任巴菲特的代言人近四十年，彼此相互尊重的程度鮮為外人所知，但兩人的個性有相當大差異。根據報導，曼格和巴菲特一樣聰明過人，但他對外界態度較開放，而且比較捨得拿錢出來，尤其是對慈善機構（雖然巴菲特被認為是慷慨解囊的匿名善人）。由曼格擔任董事長的波克夏子公司威斯克公司（Wesco）會發放股利，而波克夏公司沒有，或許可見一斑。

曼格對巴菲特最大的啟發，是促使巴菲特脫離正統派

的葛拉漢投資法（請見第三章說明）。

投資哲學

　　從在家鄉歐瑪哈經營公司到選擇投資標的，巴菲特經常回歸到他自己的出身。第三篇的七個實例中，有六個投資標的和他幾十年前有切身和財務上的關係。他很保守，可是他懂得善用這個性格。他從不靠感性投資，然而有機會逢低買進時，懂得運用對投資標的的了解程度和不斷累積的知識進行投資。作為投資人，他最大的特點是自律——不懂的東西他不會裝懂，例如科技類股；他會儘量去了解投資能力範圍內的上市公司；且除非確定股價和實質價值比起來已算便宜，否則他不會投資。這是大部分投資人做不到的，他們容易聽信明牌買或在股價下跌時急於殺出。假如你了解投資是持續一生的事業，每一個決定會對後續多年造成影響，就能三思而後行。這牽涉到下一個更重要的問題：

金錢觀

　　巴菲特雖然是全球屬一屬二的富豪，卻生活平實。他住在四十年前買的房子，重複在相同的幾家餐館吃飯。雖然波克夏三十年來沒有發放過股息，但巴菲特從未賣出公

> 巴菲特最大的特點是自律——不懂的東西他不會裝懂，例如科技類股；他會儘量去了解投資能力範圍內的上市公司；且除非確定股價和實質價值比起來已算便宜，否則他不會投資。

司股票，將來也無意賣出，所以他的資產有99%無法動用
（受曼格的影響，波克夏捐出一小部分的盈餘給慈善機
構）。他靠中等薪資和個人存款過活。待他去世時，他的
家人可得到一小筆遺產，其餘絕大部分將捐給慈善團體。
其用意是讓公司能夠永續經營下去。我個人認爲，巴菲特
一生的志願是靠白手起家成爲全球首富。這需要省吃儉用
和專注於他最內行的事物。大部分人或多或少都會有一些
精神層面上的夢想，希望讀者能把投資帶來的財富，當作
達成夢想的工具，而不是目的。

2 波克夏的投資版圖

波克夏的歷史

波克夏公司現在是全世界資產最雄厚的企業之一，但是它的起源是19世紀美國麻州的兩家棉花廠，波克夏（Berkshire）和哈薩威（Hathaway）。這兩家公司一直存活到20世紀，但因為市場競爭激烈，於1955年合併。然而，預期省下的成本並不足以恢復獲利能力，從1955到1964年間，合併後的營業額為5億3,000萬美元，虧損1,010萬美元。當時的資產負債表如下：

現金	0.9	負債	2.5
應收帳款和存貨	19.1	應付帳款	3.2
土地、廠房、設備	7.8	股東權益	22.1

單位：百萬美元

流通在外的股票有110萬股，帳面上每股價值19美元。

巴菲特股份有限公司依照葛拉漢的紀律理論，於1962年開始以每股8美元買進波克夏股票，流動資產扣除全部負債後，算出每股13美元，也就是有38%的安全邊際（計算方法見本書第11章）。隨著巴菲特買進更多股份，他似乎迷上這家公司，最後持股達49%，於1965年當選董事長。巴菲特買進的平均成本是15美元，超過葛拉漢的「營運資金淨額」原則，但帳面價值仍有傲人的21%折價。巴菲特最感興趣的，或許是這家公司可以縮減投資並減少流動資產，然後把產生的現金轉投資到獲利較大的事業。1965年和1966年紡織業很繁榮，可是波克夏經營團隊的再投資計畫，幾乎都被巴菲特封殺。當盈餘或營運資產變現帶來現金時，巴菲特考量的是其他投資構想。

巴菲特的第一項投資，在某些方面來說也是最重要的一項計畫，就是收購一家保險公司。蓋可保險公司（GEICO）的實例研究會詳細介紹巴菲特投資保險業的情形，此處先探討他為何對保險業這麼感興趣。大部分的保險公司靠兩種方式賺錢：第一，保險是藉由提供特定風險的保障而向保戶收取保費，扣除給付的理賠金額和一般開支後，就是承保的利潤。實際上，大多數的保險公司承保都會賠錢，它們是靠第二種方式獲利，也就是在收取保費後到給付理賠金的期間，將現金拿去投資獲利。波克夏旗下的保險業務部門以下列三種對策賺錢：

> 實際上，大多數的保險公司承保都會賠錢，它們是靠第二種方式獲利，也就是在收取保費後到給付理賠金的期間，將現金拿去投資獲利。

(1)努力從承保中獲利。波克夏最先收購的全國保險公司（National Indemnity Co.）專門承保特殊風險。波克夏目前最主要的業務是天災再保險，也就是再承保規模較小的保險公司所承保的地震、颶風等天災的風險。波克夏精於訂定正確的風險保費、愼選保戶（只承保可以獲利的客戶）、加上公司規模龐大而能接受鉅額保單，在在都有助於波克夏獲利。蓋可保險主要承保汽車保險業務，並設法成爲業界保費最低、能和對手競爭又能保有盈餘的保險公司。

(2)波克夏承保的許多產業領域中，從承保到理賠的時間落差很大。由於保費收入龐大，波克夏的浮存金（float）很多。「浮存金」是保險公司收進來的保費，到給付理賠之前的存款金額，保險公司可以拿來投資獲利。1967年波克夏的浮存金達1,700萬美元，經過幾次收購和業績大幅成長，三十年後已變成75億美元。

(3)因爲旗下保險公司大致能從承保中獲利，波克夏的浮存金等於是保戶提供的無息貸款，波克夏拿去轉投資後，獲利驚人。提到波克夏，大家會想到它優異的投資表現，包括吉列、可口可樂、迪士尼。但要不是來自保險業務所提供的資金，這些投資不可能存在。

波克夏當年以860萬美元收購全國保險公司，從1967年之後未曾分發股利，保留的盈餘是波克夏另一個重要資金來源。波克夏運用投資的獲利所得和保險浮存金收購其他企業，比較有名的是買下伊利諾國家銀行暨信託公司（Illinois National Bank & Trust）和《歐瑪哈太陽報》（*Sun Newspapers of Omaha*）。

　　巴菲特股份有限公司於1970年結束營業，股東可以選擇領取波克夏或另一家投資公司多元零售公司（Diversified Retailing）的股票，或是領取現金。巴菲特決定留住波克夏的股票，他持有29%股份並保留董事長職位。1973年至1974年大崩盤後，巴菲特以四十幾美元買進更多波克夏的股份，當時波克夏股票的帳面價值是每股七十幾美元，折價40%。

1997年波克夏董事的持股數

姓名	股數	表決權
華倫·巴菲特	478,232	39.7%
蘇珊·巴菲特	37,007	3.1%
柴斯（Malcolm Chace）	14,239	1.1%
曼格	18,790	1.6%

注：蘇珊·巴菲特是華倫·巴菲特的妻子，兩人的持股數可能重複計算。柴斯是原本擁有波克夏的家族的成員之一。

　　波克夏營業獲利和保險浮存金所產生的現金，主要以下列三種方式投資：

(1)買進普通股投資
　　波克夏透過股市（大多透過紐約證交所）買進並累積大公司的少數股份。1970年代和1980年代，波克夏買進又賣出一些股票，尤其是廣告公司和出版公司的股票，但大

波克夏從1967年之後未曾分發股利，保留的盈餘是波克夏另一個重要資金來源。

多買進的股票至今仍握在手上。

公司	初次買進年份	成本	1997年12月市價
美國運通	1991年	1,393	4,414
可口可樂	1988年	1,299	13,338
迪士尼	1977年	381	2,135
佛瑞迪	1988年	329	2,683
吉列	1989年	600	4,821
《華盛頓郵報》	1973年	11	841
富國銀行	1989年	413	2,271

單位：百萬美元

　　第三篇的實例研究將分析波克夏買進上述各家公司股票的細節，只有佛瑞迪放款抵押公司（Freddie Mac）是在富國銀行和美國運通的實例研究中提到。

　　《華盛頓郵報》持股是在1973年至1974年大崩盤的低點買進的。巴菲特一直很喜歡新聞媒體，最好的媒體可充當讀者的守門人；如果你是廣告廠商，想在當地主要報紙《華盛頓郵報》發行的版面上打廣告，你只能乖乖掏腰包。迪士尼原本以動畫和主題樂園聞名於世，自從與首都傳播／美國廣播集團（Capital Cities/ABC）這個電視製作和廣播集團合併後，就成為波克夏的投資標的。首都傳播以管理良好著稱，所擁有的電視台和全國廣播電台網路是廣告商無法忽視的。

　　富國銀行和《華盛頓郵報》一樣，是在股市看壞其獲利能力時買進的。巴菲特對銀行業沒有特別喜好，但富國

銀行因成本和股價低廉而雀屏中選。波克夏現在完全持有的蓋可保險公司也是同樣情況。美國運通是波克夏持有的另一家金融服務公司，在某些方面擁有對手難以跨越的競爭優勢。可口可樂和吉列這兩家消費產品公司在各自的領域位居領導品牌，而且擁有可觀的全球市場成長潛力。

(2)購併通用再保險公司

波克夏購併通用再保險公司（General Re），是歷來手筆最大的購併行動。波克夏發行27萬7,200股新股，等於增資22%。通用再保險公司成立於1921年，目前在世界各地設有61個辦事處，每年保費收入高達65億美元。該公司的綜合成本率（combined ratio）約為100，所以我們可以認定它的價值是現金、投資、負債和優先股的總合，約245億美元，波克夏於是發行27萬7,200股新股以交換這個價值；此外，巴菲特不願支付超過他所購併的股票的價值，因此我們可以假設他不認為波克夏每股的價值超過8萬8,400美元。此外，如果波克夏現在真的價值4萬6,000美元（說明見後），那麼波克夏的股東可一點也不吃虧。

(3)完全持有公司，

波克夏除購買上市公司的部分股權之外，也買下一些公司90%至100%的股權。波克夏通常是向那些公司創辦人的家族成員買進股權；蓋可保險和飛安（FlightSafety）這兩家公司的部分股票已上市且公開銷售。除了這兩家公司，波克夏買進許多規模較小的私人企業。雖然營收不如保險部門，波克夏完全持有的這些小企業1997年的淨收益

總計2億5,200萬美元，不容小覷。

　　不買股票時，波克夏和其他投資者一樣，以現金和債券吸收多餘的流動性（Liquidity）。波克夏也經常貸款，特別是不缺資金時，因為這樣可以取得最好的借貸條件，如此一來，好的投資機會出現時，公司就擁有充足資金。不過，波克夏的總負債很少偏高。巴菲特不喜歡負債，他認為不值得為了額外的報酬而冒多餘的風險。1980年代末期，波克夏決定投資一批可轉換優先股，當時所羅門（Salomon）和全美航空（USAir）股票備受矚目。巴菲特更展現了他的安全邊際原則適用於任何有價證券，而不只是股票的理論。吉列的投資可以說明這個論點。

　　波克夏也定期小額投資在漲跌幅較大的商品，例如套匯、白銀、石油衍生性金融商品。本書雖然未詳細探討波克夏此類投資的決策，但我們知道，巴菲特運用同樣的評估程序，特別是安全邊際原則，來決定是否進行這些投資以及交易價格。

財務槓桿的奇蹟

　　前面提過波克夏從保險浮存金得到可觀獲利。遞延稅項也是重要的資金來源。巴菲特認為，稅後利潤的多寡對投資人比較重要。幸好，巴菲特喜歡的長期投資方式，可

不買股票時，波克夏和其他投資者一樣，以現金和債券吸收多餘的流動性。波克夏也經常貸款，特別是不缺資金時，因為這樣可以取得最好的借貸條件，如此一來，好的投資機會出現時，公司就擁有充足資金。

使企業的賦稅成本降至最低。

　　我們以兩個各擁有100美元的投資人為例說明。投資人甲持有的股票沒有發放股利，但股價每年增值10%，二十年後，假設甲賣出股票時繳納35%的資本利得稅，他最後可得到1,099美元現金。投資人乙用100美元每年買賣增值10%的不同股票，即使不計算可觀的手續費，乙每年繳交35%的資本利得稅後，他二十年後只有643美元。甲的年投資報酬率是12.7%，乙是9.8%。如果你的投資標的年增值率像波克夏那麼高，賦稅造成的差異更大。

　　波克夏同意遞延繳納某些稅款，等於是從政府那裡得到無息貸款，就像保險業從保戶手上得到的無息浮存金；1997年波克夏遞延繳納的稅款達104億美元。只要公司的業務維持目前的情況，波克夏可以把遞延稅款和浮存金拿去投資獲利。

　　我們可以從反方向思考，如果波克夏沒有浮存金或遞延繳稅的好處，結果會如何。例如，1996年，股東權益金高達234億美元，必須要增加143億美元才能維持同等的資產基礎，使股東資金維持369億美元。過去三十二年間，波克夏的每股帳面價值平均每年成長23.8%。假設其他條件相同，1996年434億美元的資產總額，在1997年必須成長56億美元，才能使234億美元的股東權益金成長23.8%。可是369億美元股東權益金帶來的資產成長只有14.9%。

　　波克夏價值成長的要素有三個。首先，波克夏收購保險公司和擁有完整經營權的公司，部分是因為這些營運可以帶來現金——它們是資本主義永不停歇的機器。第二，

1（i）1996年的波克夏		
	浮存金和遞延稅款	143
	其他負債	57
總資產 434	股東權益	234

1（ii）預測一年後		
	浮存金和遞延稅款	143
	其他負債	57
總資產 490	股東權益	290
資產成長率12.9%	股東權益成長率	23.8%

2（i）若波克夏沒有浮存金和遞延稅款		
	浮存金和遞延稅款	0
	其他負債	57
總資產 434	股東權益	377

2（ii）預測一年後		
	浮存金和遞延稅款	0
	其他負債	57
總資產 490	股東權益	433
資產成長率12.9%	股東權益成長率	14.9%

單位：億美元

這些現金再投資於股市、擁有完整經營權的公司和其他有價證券，長期投資成績良好。以上兩個因素推高了波克夏的帳面價值。最後，股市肯定波克夏帳面價值的上漲，使

其股價對帳面價值的溢價相當大。因此，1962年以後，波克夏股價以每年28.7%的複利成長，使巴菲特個人持股價值達340億美元。然而，假如沒有槓桿操作的神奇效果，波克夏的帳面價值和股價可能每年只成長15%，巴菲特身價不過6億3,500萬美元，很可能沒沒無聞。

波克夏到底「值」多少？

波克夏的帳面價值成長速度可觀，而從1965年以來發行的股票數量只增加8%來看，成長速度更驚人；可是在買下通用再保險公司之前，其市場價值遠不如帳面價值。前面說過，1973年至1974年大崩盤後，波克夏的股價對帳面價值呈現折價局面。之後，波克夏股價穩定上揚，1983年之後開始呈溢價局面。1998年初波克夏的股價是每股7萬美元，對帳面價值溢價175%。本書第十一章將討論如何估計實質價值。波克夏的實質價值比大部分公司難估算，因為它的獲利大半來自定期但無法預測的資本利得。可是，我們還是有簡單的估算方法。

1997年波克夏擁有完整經營權的企業，創造6億2,700萬美元稅後盈餘，其中2億9,800萬美元來自保險部門。如果這些企業出售或股票上市，價值可能有120億美元；波克夏旗下其他企業的投資資產扣除負債後剩餘450億美元；以上兩者相加為570億美元。假如我們接受長期負債、浮存金和遞延稅款沒有利息負擔的說法（只要企業存在，就不必付出這些款項，通膨最後會使負擔化於無形），可以算出每股實際價值為4萬6,000美元。當然，因為葛拉漢、曼格和巴菲特諄諄告誡我們，只能投資股價對

實質價值有相當折價的股票，故而以目前價位而言，投資
人不宜投資波克夏。

3 先進對巴菲特的影響

巴菲特曾說，他的投資方法85%來自葛拉漢，15%來自費雪。後面我們會看到，巴菲特這種謙虛的說法把自己的創見略而不提，不過，葛拉漢、費雪和本章提到的其他大師，確實奠定了巴菲特的思想基礎。

班・葛拉漢付五毛得一元

巴菲特的父親從事證券業，父子關係親密，可是在巴菲特的智慧成長過程中，葛拉漢無疑是影響他最大的人。

葛拉漢1894年生於倫敦，但在紐約長大。他和巴菲特有些共同點──早熟而聰明過人、天生的理財高手、擅長指導別人。葛拉漢於第一次世界大戰前就在華爾街工作，當時股票市場剛起步，除了鐵路和其他公用事業股票外，其餘類型股票不多。債券是投資主流，股票被認為風險過高。當時上市公司提供的資訊很少，可是葛拉漢懂得挖掘資訊，特別是從上市公司呈報給主管當局的資料中挖寶。他開創現在所謂的證券分析（security analysis），著重分

析資產負債表。他的典型投資標的是獲利表現平平、配息少或沒有配息，但擁有可觀現金和證券的公用事業。因為獲利不佳和資訊不透明，這種股票的價格通常遠低於投資組合價值。

葛拉漢的投資手法分為兩方面：第一，透過積極研究找出值得投資的公司，並判定其實質價值。他以實質價值的折價買進股票，也就是運用安全邊際；第二，他等待市場肯定這家公司的實質價值，或直接說服公司主管增加股東價值，像是出售庫藏的投資組合或提高股利。股價上升到實質價值或更高時，葛拉漢就出脫股票。

到了1923年，葛拉漢已聲名遠播，親朋好友都把錢交給他投資。他和合夥人創立葛拉漢—紐曼基金公司，到1956年退休之前，這家公司是他的生活收入來源。葛拉漢歷經1929年大崩盤以及後續的大恐慌，看過股市大起大落。前面提過，葛拉漢—紐曼公司投資於股價被低估的股票，但也從事套匯、投資破產企業的股票、避險基金和其他特殊標的。葛拉漢專門挑選股票價值少於營運資金淨額的上市公司——營運資金淨額為流動資產（現金、股票、有價證券和應收帳款總和），減去所有負債。

不過，葛拉漢令人永久稱頌之處，在於他能不吝於傳授心得，作育英才。他在哥倫比亞大學執教好幾年（巴菲特就是慕名而進哥大的），並和他人合著兩本投資理財鉅

葛拉漢懂得挖掘資訊，特別是從上市公司呈報給主管當局的資料中挖寶。他開創我們現在所謂的證券分析，著重分析資產負債表。

作《證券分析》（ *Security Analysis* ）和《智慧型股票投資人》（ *The Intelligent Investor* ）。巴菲特剛出社會時以及在葛拉漢公司服務期間，謹守葛拉漢的股票評估方式——股票價值是否少於營運資金淨額和其他標準。儘管後來巴菲特採用自己的評估方式，但仍一直保有葛拉漢的投資精髓。

葛拉漢的核心理念
　　實質價值和安全邊際
　　投資人應評估股票的真實或客觀價值，只有在價格低於價值相當多時才買進。
　　在這個簡單的前提下有幾條守則：
* 擁有足夠的資訊供評估實質價值時才投資
* 個股有安全邊際時才投資
* 願意等待市場肯定個股的實質價值時才投資

　　成功的投資仰賴聰明評估和耐心。

市場波動

　　葛拉漢認為投機客和投資人不同。投機客嘗試預測股價短期間的波動並據以買賣股票。現在所謂的投機客包括技術分析師（他們完全依賴股價變化圖表）、動能投資人（他們認為上漲的股票一定會繼續漲）、避險基金經理人（他們嘗試預測市場相反走勢）。而投資人買進股票，是因為他們深信股價被低估的上市公司價值，並等待價值得到肯定。葛拉漢認為，像他那樣的投資人比投機客占優勢。

他在《智慧型股票投資人》提出「市場先生」（Mr. Market）的寓言。市場先生是你我的企業合夥人，他每天提出一個股價，願意用這個價錢買你的股份，你也可以用這個價錢買他的股份。可是市場先生有一點躁鬱症，心情好的時候他把股價定得高於實質價值，心情不好時又彷彿公司要倒了而把股價定得遠低於實質價值。這些不同的價格會不會影響你公司的實質價值？不會。同樣的，股價波動本身也無法告訴我們一家公司的價值。沒錯，有時候其他投資人擁有我們不知道的消息，可是大部分時間裡，價格的變動只反映市場先生的善變心態。其實，葛拉漢認為市場先生對我們有利，因為不理性的價格變化，使我們經常有機會以低於實質價值的價格買進股票，在高於實質價值的價位賣出。如果我們懂得運用價格和價值之間的安全邊際，就可以等候上漲的股市（或者市場先生）前來敲門了。

菲利普・費雪投資像做生意

如果說葛拉漢解決了理財的基本問題——如何理性的投資？那他也帶來一個棘手的問題：如何估算實質價值？以前的股市比較單純，這樣說無損於葛拉漢的成就。由於20世紀上半葉大部分時間，股票並不流行，股票價格被低估的公司比比皆是，這種公司通常是已歷經困境、可能正在虧損的昔日熱門股公司，巴菲特稱之為「煙屁股」。波

投資人買進股票，是因為他們深信股價被低估的上市公司的價值，並等待價值得到肯定。

克夏原本就是這樣的公司。這樣的投資機會後來逐漸消失，部分要歸因於葛拉漢與其門徒的示範與教導。

費雪（Philip Fisher）估算股票價值的方式完全不同於葛拉漢。費雪於1928年在舊金山一家銀行擔任證券分析師，1931年在加州成立自己的投資公司，專門買進長期而言可能成長的公司股票，然後長期持有；例如，他個人持有大宗摩托羅拉股票長達二十幾年。費雪把一般人買下私人企業時會運用的理性思考應用於股市；他許多投資原則和巴菲特一樣。本書第五章將進一步討論如何善用上市公司的資訊。以下是費雪的投資理念。

費雪的核心理念

投資人應預測並投資於長期而言可能成長的產業和公司。投資守則為：

- 只投資你徹底了解的產業
- 深入研究你想投資的公司及其競爭對手、供應商、顧客，最好是親自調查
- 挑選管理階層優異的公司

費雪在幾本書裡闡述上述原則，尤其是《非常潛力股》（*Common Stocks and Uncommon Profits*）、《投資哲學》（*Developing an Investment Philosophy*）。他最大的貢獻是教投資人重視基本面。他強烈反對過度多角化和效率市場理論；本書稍後將討論這些問題。

費雪和巴菲特有兩大差異。費雪喜歡科技居於領先地

位的公司，他認為，積極從事研究發展的產業很有投資價值，像是電子業、化學業和機械業。巴菲特一直避免碰這些產業，因為他不懂這些產業，而且它們的投資報酬率低。另外，費雪很少談論股價，雖然他也不願意付過高的價格投資股票，但認為值得為真正會成長的公司付出溢價。這一點和葛拉漢的作風有天壤之別。

再論實質價值

受曼格的影響，巴菲特融合葛拉漢和費雪的實質價值理論。巴菲特把實質價值定義為企業未來現金流量折價後的現值。這個定義和葛拉漢型的「煙屁股」相關，因為企業的可變現現金是清算後的資產價值減所有負債；另一方面也和費雪的成長股理論相關，因為未來的獲利將產生現金。巴菲特和曼格很清楚，後者的變數較大。他們以兩種方式降低風險。首先，他們繼續採取安全邊際原則──評估可口可樂公司未來的現金流量，可能比根據清算後的資產負債表價值困難，可是如果你以遠低於評估的價位買進，還是很安全。其次，企業的經營團隊必須兼具操守和能力，能夠把未來的現金流量和盈餘現金，盡量化為可以獲利的投資或讓股東分享。

麥克・波特的平行進行主張

本書稍後將討論，巴菲特一直想投資擁有關係企業的公司。他投資席思糖果公司（See's Candies）和多家報紙集團的原因之一就是他們都有關係企業。他對經濟學家的研究報告沒有興趣。他認為，預測利率循環、股市點數或

其他種種整體經濟的變數沒有意義。但重視的是個體經濟
因素。雖然他通常不干涉企業的管理階層，但對關係企業
價值高低的因素知之甚詳，而他的年度財務報告中充滿營
業細節，像是《水牛城新聞報》（*Buffalo News*）的新聞占
版面比例、內布拉斯加家具量販店（Nebraska Furniture
Mart）每平方呎的營業額。

　　在更高層次的投資策略方面，巴菲特喜歡的公司通常
具有波特（Michael Porter）提出的長期經營成功的特色。
波特是哈佛大學商學院教授，著有討論企業經營成功因素
的系列書籍。他在《競爭策略》（*Competitive Strategy*）一
書中，提出分析產業和競爭者的架構。他認為，任何產業
都有以下五項競爭上的問題：

- 新對手加入的威脅
- 客戶的相對實力
- 取代其他產品的能力
- 供應商的相對實力
- 現有對手間的競爭程度

　　在這種分析架構下表現良好的公司，常受巴菲特青
睞。例如，掌握某一城鄉讀者群的報紙，會封殺新對手進
入市場（這個城鄉無法容納兩家報社）、有籌碼可以應付
讀者（藉由調高報費和廣告費）、沒有直接的替代產品
（這一點現在有些不切實際，因為地方電視台和全國性報
紙已在美國興起）、有籌碼和供應商討價還價（白報紙和
送報服務是由供應商供應的商品），以及不必和任何當地
報紙競爭。我認為，有能力阻止新對手進入市場，是巴菲
特最重視的因素；他的主要投資標的，有許多在各別產業

中獨占鰲頭，新的競爭者無法進入或無法大幅獲利。

波特另外提出企業超越對手的三大策略：
- 總成本低於同業
- 產品區隔
- 業務單純化

波克夏的投資標的大部分同時具備上述三個條件。波克夏旗下的蓋可保險多年來在保險業享有低成本的競爭優勢；而吉列（Gillette）和對手有所區隔，因為吉列位居市場領導品牌，並不斷研發新產品；內布拉斯加家具量販店盡量在幾個特定區域內展售特定產品。不論是否為領導品牌或成本最低，巴菲特投資的企業幾乎都讓新競爭者卻步。

其他投資手法各有千秋

以下簡述其他投資方法和巴菲特的意見。

自營商和共同基金

在巴菲特眼中，分析師、投機客和避險基金經理人可能最不受他的重視。他認為這些人是賭徒而不是投資人。奇怪的是，過去三十年來，這些人卻獲得學者的肯定。支持效率市場理論的學者一直是商學院的主流派，直到最近情勢才改觀。過去他們認為，上市公司的所有資訊和前

有能力阻止新對手進入市場，是巴菲特最重視的因素；他的主要投資標的，有許多在各別產業中獨占鰲頭，新的競爭者無法進入或新對手無法大幅獲利。

景，已經反映在股價上。因此，除非你有內線消息，否則不可能超越大盤的表現。這種想法促使投資人設法從過去的股價紀錄尋找「隱藏」的模式，或盡量分散投資組合以便跟住大盤。關於後者，巴菲特倒不反對一般投資人這樣做，他最近甚至贊成持有指數基金（index funds）。但他認為，聰明的投資人若採用他的投資原則，特別是安全邊際和熟知投資標的，長期的投資成果勢將優於大盤。

資本市場理論和經濟加值

想要讓投資理論具有科學基礎的學者和證券分析師，發明了一套評估各種風險的架構和數據。他們認為，投資人面對市場風險和個別公司的風險，應該知道兩項風險的量化數字。比較一家公司股價的漲跌幅度紀錄和大盤起伏，可以算出個別公司的風險。這個數字加上該公司的負債程度，可以算出它真實的資金成本。舉例來說，股價漲跌幅較大的公司風險較高，因此股價的折價程度較大，也才值得投資。實際上，股價的變動紀錄對評估一家公司沒有太大幫助。如果我們相信安全邊際原則，那麼股價變動是件好事，因為它給我們更多逢低買進的機會。記住我們之前提過的「市場先生」。

史都華（Stern Stewart）和麥肯錫（McKinsey）等顧問公司，發明經濟加值（economic value added）和經濟利

> 實際上，股價的變動紀錄對評估一家公司沒有太大幫助。如果我們相信安全邊際原則，那麼股價變動是件好事，因為它給我們更多逢低買進的機會。

潤模型，試圖把資金成本理論和比較實際的投資行為結
合。巴菲特很注意股東權益報酬率，本書第三篇有詳細討
論。他對精確衡量資金成本的公式沒有興趣。事實上，經
濟加值的最終用途是計算市場加值（market value add-
ed），也就是調整後的股票增值，而追隨巴菲特投資方式
的投資人，要評估一家公司的實質價值，是與股價或股價
漲跌紀錄分開評估的。

巴菲特不同階段的投資理念

巴菲特一開始是從折價後的資產負債表中尋找上市公
司的價值。而隨著其他投資人仿效，以及所有投資人都認
為股票應以帳面價值的溢價交易，這個方法就變得越來越
困難。巴菲特和曼格思索其他方法後發現，某些公司的預
估現金流量比它們資產在破產法庭中的價格，是更長久的
價值來源。本章最主要討論了巴菲特的投資生涯。

不論是投資股票、債券或買下一家公司完整的經營
權，你都必須掌握投資標的的實質價值。實質價值是長期
投資過程所創造的現金，折現成現在的價值。這個現金價
值可能低到公司淨資產的帳面價值（有時甚至更低），但
如果是前途看好的公司則可能遠高於帳面價值；你的工作
就是估算實質價值。對實質價值有合理折價的價位才買
進，也是重要原則。過一段時間後，市場可能反映實質價
值。即使沒有，你得到的現金報酬應該會遠超過你支付的

實質價值是長期投資過程所創造的現金，折現成現在價
值。

價格。

　　估算預估現金流量並非易事。接下來我們就探討實務
上如何評估實質價值和合理價格。

第 **2** 篇

如何投資

- 注意投資標的的價值
- 資訊的蒐集與解讀
- 知識與直覺的運用
- 商譽
- 資金分配
- 股東權益報酬率
- 增值報酬率
- 價值的估算

4 注意投資標的的價值
——關於價值的三個問題

　　估算實質價值之前，我們必須了解預估現金流量是怎麼回事。對於企業而言，預估現金流量的主要來源可能就是獲利（本書稍後將探討，為什麼某些公司的獲利優於其他公司）。為什麼即使是同產業的公司，有些公司長期下來就是比其他公司賺錢？

　　開公司並不難。個人積蓄、貸款和商業信用貸款加起來，通常足敷開一家小公司所需。就算是占有市場一定比例的大公司，也會吸引資金雄厚的新公司或企圖延伸觸角的公司加入競爭。不過，有些公司幾十年下來，就是能提高獲利能力並讓股東得到高報酬。我們用巴菲特的洞察力，再加上麥克・波特的原則，就能明瞭箇中原因。

　　請大家再想一想企業的帳面價值，也就是廠房、營運資金和現金。美國運通的帳面價值是85億美元，盈餘19億美元。奇異電氣（General Electric）或大銀行為何不跟隨美國運通，也投資信用卡業來分一杯羹？畢竟，美國運通

的投資報酬率高達22.4%，比免稅的國庫債券高兩倍多。美國運通當然有競爭對手，但因為增值的方法讓對手難以模仿，以致於報酬率始終領先同業。美國運通為何能立於不敗之地？要尋找長期下來能把獲利提到最高的公司，你必須檢視下列三個關於價值的問題，包括①該公司是否增值在顧客身上。②管理階層為顧客創造價值嗎？③公司是否為股東創造價值。

該公司是否增值在顧客身上？

一家公司的盈餘，是成本（包括資本）和出售產品或服務所得之間的差額。因此，這家公司如果能持續以較競爭對手低的成本生產或以較高的價格出售，長期下來可以把盈餘增加到最大。在現實世界中，假如某一家商店願意打五折，別的商店會打四折。如果你在墨西哥設廠，你的對手會在秘魯設廠。因此僅少數企業能長期保持成本優勢，大部分的產業都無法做到這一點。

公司增加盈餘的長久之計，是提供讓客戶重視又不容易從其他公司買到的產品。例如當天氣熱，大家想吃冰淇淋時，可能願意多付點錢買來吃，可是現有的競爭者（目前已存在的冰淇淋店和販賣車）和可能加入的對手（如果冰淇淋好賣，其他人也會加入搶生意），使得商品隨處可

> 一家公司的盈餘，是成本（包括資本）和出售產品或服務所得之間的差額。因此，這家公司如果能持續以較競爭對手低的成本生產或以較高的價格出售，長期下來可以把盈餘增加到最大。

以買到，價格無法攀升。在許多產業中，客戶希望買好東西，可是沒有人願意付很高的價格。接下來探討波特對生產者—買方關係和阻止新競爭者加入的理論。

波特的顧客論

策略大師波特認為，公司只要具有下列其中一個或一個以上的情形時，就可能掌握住顧客：

- 替代的產品不多
- 營業額不被單一顧客所壟斷
- 公司的產品只占顧客所有採購物品的一小部分
- 公司產品和競爭者有區隔
- 顧客轉換供應商的代價過高

巴菲特目前的大宗投資中，有許多符合上述條件。吉列和可口可樂是大型的消費產品公司，它們的產品只占顧客所有採購物品的一小部分。大致而言（不計入批發商），顧客都是散戶，不會團結起來討價還價，且產品本身也都和對手（百事可樂）以及替代產品（水或柳橙汁）有所區隔。

波特的市場介入障礙論

若公司的產品吸引顧客，顧客就願意付高價購買。那麼，是什麼因素阻止新競爭者加入，不至於壓低價格？

- 若產業具備鉅額的經濟規模，新競爭者要達到現有廠商的成本結構，可能要投入鉅資、承擔風險。
- 品牌和顧客的忠誠度是需要時間和金錢累積的。
- 創設時需要大筆資金的產業，例如汽車製造業，會嚇退

必須籌募資金並承擔風險的新競爭者。

- 更換商品可能所費不貲，可能是實際成本（經銷商若接受新品牌冰淇淋，可能必須添購冰箱），也可能是心理障礙（如果大家對現有的冰淇淋很滿意，很難說服他們嘗試新品牌）。
- 現有的經銷商可能被現有的產品綁住，新競爭者必須開發新的行銷通路。
- 新競爭者難以突破或模仿現有的專業技術、專利或獨家供應協定。
- 政府可能管制新競爭者進入（許多傳播媒體就受限於政府法規）。

　　大家或許會認為，能成為獨占企業最好，然而實務上，大部分的獨占事業受政府嚴格管制，以致於無利可圖或訂定價格的能力嚴重受限。

評估產業的成長性

　　從沒落的產業中賺錢並非不可能──香菸公司在需求逐漸下跌情況下，多年來仍能增加獲利（因吸菸者的忠誠度高，菸癮又大，香菸公司可以提高售價來彌補需求減少）。不過，成長中的產業要增加獲利就簡單多了。費雪認為，有些公司的管理階層既幸運又能幹，有些管理階層幸運則是因為他們能幹，兩者有所不同。前者的幸運來自經營的產業不斷成長、競爭不激烈、新對手不易介入等，後者則必須完全依賴自己的才能。管理階層的良莠是第二個關於價值的問題。

管理階層爲公司創造價值嗎？

對於投資標的的管理階層，你要檢驗兩個問題——他們稱職嗎？他們誠實嗎？稱職當然是任何企業的管理階層必備要素。我們要確定該公司具有長期競爭優勢，而且現任的管理階層能把優勢提高，鞏固並光大比別人更能獲利的因素。成本也應列入考慮。管理階層是否努力維持並取得成本優勢？放任成本上升，然後以「特殊成本」爲藉口的管理主管，通常能力不如在設計製程中盡量壓低成本的主管。

接下來不妨比較這家公司和對手的市場占有率、業績成長模式、產品研發力、相對毛利、資產周轉率、股東權益報酬率。這些指標長期以來的走勢如何，現在的管理階層上任後有何變化？巴菲特認爲，管理階層的要務之一是正確分配資金，這一點是投資時需考量的重要課題。

誠實問題也不可輕忽。你是投資人，不是主管，也不是會計師或私家偵探（但你還是該有合理的懷疑）。某方面來說，公司主管是你的合夥人。你提供資金讓他們賺取生活費，換取可觀報酬。如果這層關係不平衡，而且好處偏向他們，不論是因爲詐欺還是酬薪過高，都不正常。你有權利得知公司出了什麼問題，這些問題可能帶來的影響，以及公司將採取什麼對策。董事長的年度報告通常對

成本也應列入考慮。管理階層是否努力維持並取得成本優勢？放任成本上升，然後以「特殊成本」爲藉口的主管，通常能力不如在設計製程中盡量壓低成本的主管。

未來過於樂觀，對過去的失敗則檢討不足。如果管理階層無法向投資人坦承問題，你能相信他們有能力和勇氣解決問題嗎？你可以這麼問自己：「如果他們是別的身分，例如投資顧問或想要借錢的朋友，你願意相信他們嗎？」

公司是否為股東創造價值？

不管這個產業多好，公司管理階層多能幹，對投資人真正重要的是報酬率；這裡的報酬包括股利和資金增值。我們試著不用市場現值、股價紀錄或漲跌幅，來建立估計實質價值的模型。我們用業績表現評估管理階層的能力，而不用股價的變化。將通膨列入計算後，獲利有無大幅增加？公司獲利增加，是否純粹是因為資金保留未用？

5 資訊的蒐集與解讀

最聰明的投資就像在做生意

我們如何尋找管理良好、所屬產業不斷發展、沒有什麼競爭對手的理想投資標的？每一個成熟的股市，都有幾千檔上市股票。這是個機會，即使你只找到少數幾家優良上市公司，這些公司應足以構成持續一生的投資組合。投資的線索無所不在。葛拉漢曾說，最聰明的投資就像在做生意。你必須熟知基本的商業概念，例如上一章介紹的企業創造價值的方式；你也必須知道基本會計和商業術語。但是，常識和觀察力也很重要。消費者有沒有買這家公司的產品？為什麼不買其他東西？別的廠商能不能供應品質更好、價格更低的相同產品？你想投資的公司是否提供合理，甚至卓越的投資報酬率？

這裡舉個例子供讀者參考。我構思本書期間，到過好幾個國家。我知道巴菲特投資可口可樂公司，對於可口可樂的無所不在，真是令我驚訝，從街頭到山頂隨處可以見到它的影子。我慢慢又察覺到，還有一種產品幾乎同樣普

遍，那就是口香糖。大部分的口香糖都是由箭牌公司（William Wrigley）生產，這家公司似乎永久壟斷口香糖市場。研究該公司的帳目，可以發現它具備本書提到的許多條件。波克夏爲何沒有箭牌的持股？我認爲那是因爲箭牌的股價過高，缺乏安全邊際。

善用公開資訊

有幾個管道可以直接取得你想要投資的公司相關資料。最重要的是年度報告，最好不要只看一年，應該詳閱連續幾年的報告。大部分的公司會提供年報，或者在網路上公布。年報要如何解讀？首先是檢視管理階層是否稱職、誠實。包括公司如何因應逆境？報告本文和附註是否詳細到讓你了解該公司如何賺錢？業績成長最快的市場或產品是什麼？新投資是否鎖定成長最快的市場或產品等？接著是查看數據。業績、獲利能力和投資的變化如何？該公司可能也印有免費索取的簡介，可讓你進一步了解該公司的產品種類和可能客戶。最好不要看證券業者的研究報告，因爲這類報告大多品質不佳，而且只著重極短期的預測。優良的分析師一般只研究大公司，且偏重於預測幾年內的重要數據。

只要有年報、一份《倫敦金融時報》（*Financial Times*）或《華爾街日報》（*Wall Street Journal*）之類的好報紙、再加上耐心，就可以投資成功，這種說法並不誇張。

最好不要看證券業者的研究報告，因爲這類報告大多品質不佳，而且只著重極短期的預測。

掌握攸關價值的主要因素

上市公司並非從事貨幣交易，而是出售產品和服務給顧客。要如何看出一家公司比同業其他公司出色？投資者可以看毛利等傳統比率數字，可是這些數字因為會計方法和資金成本的不同，經常會誤導我們。自己擬訂各產業的重要因素通常比較實用。假設你想投資服裝零售商，當然你會對它的毛利有興趣，可是你也應該注意坪效、出清存貨的頻率、償債的頻率以及業績的成長有多少來自現有店面和新店面等數據，且持續觀察這些數字在某一期間的變化，以及比較競爭者相同項目的表現。

接著跳脫數字的藩籬，仔細思考這些數字象徵的意義是否符合你的觀察？該公司的店面是否管理完善？店面生意是否比同業忙碌？店面所在地點是否符合行銷策略？有什麼威脅？競爭者是否能輕易模仿這家公司的優點？業務的成長是否有障礙？DM、型錄和網路行銷業者是否會形成直接的競爭？

巴菲特檢視公司價值的實例解說

• 實例一：零售業

巴菲特雖然在零售業有幾項投資，但他並不喜愛這個行業。他在零售業最大的投資是內布拉斯加家具量販店和

投資者可以看毛利等傳統比率數字，可是這些數字因為會計方法和資金成本的不同，經常會誤導我們。自己擬訂各產業的關鍵因素通常比較實用。

席思糖果公司。巴菲特認爲零售業最大的缺點是競爭者很容易抄襲、供應廠商通常不只供貨給單一業者、銷售地點少有特色、客戶服務的革新也可以模仿。

　　一如在其他產品區隔性不大的產業，巴菲特傾向投資於成本最低的公司。內布拉斯加家具量販店主要銷售項目的每一平方呎營業額，高於全美國的競爭者。它的秘訣是價格低廉。雖然毛利低於同業，但庫存周轉率較高，空間和存貨的投資成本低，加上營業額高，造就了高投資報酬率。好市多公司（Costco，美商大型量販店）即是類似上述形容的低成本高報酬公司，曼格是這家公司的董事長。

　　席思糖果的情形不太一樣。它的競爭優勢是高級糖果和絕佳的客戶服務（我曾在感冒期間到席思，受店員殷勤問候關心，並免費試吃）。這些是無形的東西，卻比地點或薪水重要得多。巴菲特找到每平方呎營業額的方法；他以每家分店售出的糖果重量爲根據，然後追蹤席思的成長。席思除了每年都能增加每一分店的銷售重量，也能一直實質提高售價，其他競爭對手則無法辦到。由於材料的使用量和價格增高會影響盈虧底線，巴菲特有效地運用傳統的量化指標，例如每平方呎的營業額，來尋找席思的品質優勢，或內布拉斯加家具量販店的價格優勢。

- 實例二：銀行業

　　由於大部分銀行在重要街道設有分行，和其他銀行競售金融商品，所以巴菲特有時會把銀行當成零售業者。巴菲特多年來在銀行業有小筆投資，而富國銀行這筆投資會在實例研究中詳細說明（見第十八章）。

　　按照傳統定義，銀行其實不是那麼容易分析。大部分銀行的獲利，主要來自存款和放款，可是存款永遠不會停止流入。銀行以高利率借款，不像坐擁支付利息很低的個別存款帳戶那麼有利可圖，可是在昂貴地段設點服務成千上萬小額存款戶的高成本該怎麼算？放款的獲利更難估算，因為你無法知道個人貸款有無長期利潤；如果放款無法收回，你可能會虧損；假如真的這樣，你會失去利潤來源。

　　巴菲特按照慣常模式，傾向於投資過去成本低、現在也決心壓低成本的銀行。他考量的首要價值因素是資產報酬率（淨獲利÷平均總資產），他通常尋找資產報酬率遠高於1%的銀行（觀察你往來銀行的長期帳目，它的資產報酬率可能很少超過1%太多）。

其他投資秘訣

　　你必須學會以競爭為思考重心。競爭者是誰？他們為何加入市場？還有誰會被吸引進入市場？另外也要研究他們的報表和文宣，如果可能的話，更要研究產品，要不恥下問。巴菲特考慮投資迪士尼時，跑到戲院看迪士尼電影。他慢慢才領悟到，穿著西裝的大人在坐滿小孩子的戲院裡顯得很愚蠢。1960年代美國運通發生沙拉油弊案後，巴菲特親自到餐廳和超市的收銀機後面，觀察顧客是否和以前一樣愛用美國運通信用卡和旅行支票。

　　我們可以把這種腳踏實地的競爭分析方式進一步延伸。費雪蒐集股市小道消息，用心拜訪想要投資的對象的管理階層、競爭對手、顧客和供應廠商後，他很清楚誰最

擅長做什麼。他歸納出十五個要考慮的問題，在《非常潛力股》一書中有詳細說明。這十五個問題中，許多是關於企業維持業績成長的能力，少部分是關於管理階層是否開明和操守如何。

　　巴菲特也喜歡徹底了解投資標的。不過，他的方式是坐著詳讀年度報告並仔細思考。

6 知識與直覺的運用

了解自己所知有限

　　沒有人強迫你投資。所謂明牌，通常只是某個人的直覺。然而巴菲特或林區（Peter Lynch）這樣偉大的長期投資家買賣什麼股票，卻值得我們閱讀參考。假如你複製他們的作法，也許能投資成功，儘管資訊的時間落差使你永遠無法確知他們何時進出。可是，這樣等於沒學到東西（而且一點樂趣也沒有）。你最好擬定自己的投資策略。理性的投資是從運用自己的知識開始，不是抄襲股票經紀人或巴菲特。不過在你確定自己知道些什麼之前，應該認清哪些東西你不知道。

　　費雪喜歡投資半導體和化學產業，巴菲特則否。巴菲特甚至沒有半張製藥股；要知道哪家公司賣什麼藥不難，可是要了解長期競爭優勢何在並不容易，除非你是專家。或許你是專家，但不要忘記，有些產業變化快速到令人難以預測。微軟（Microsoft）獨霸個人電腦作業系統和應用軟體市場而大發利市，可是二十年前個人電腦尚未出現。

微軟未來二十年還會不會賺錢？說真的，沒有人可以回答這個問題。因此，認為微軟未來二十年能維持目前或締造更高獲利率而下注的，是投機，而不是投資。相對地，任何人都看得出來，迪士尼或吉列會繼續生存，甚至在各自產業中永久稱霸。

發揮所長

從彼得‧林區到貝爾茨婦女投資俱樂部（Beardstown Ladies），許多人在文章裡鼓勵投資人，要在日常生活中尋找投資標的。這不代表你發現某家餐廳的生意比另一家好，或者某一廠牌的洗衣粉潔白效果較好就投資，但這是不錯的起點。我曾因為看窗外景物而發現一個絕佳的產業。我看見一家快遞公司每天送貨到對面的大樓，便聯想到快遞業未來的需求和產業經濟。我選擇投資的公司就是我第一次看到的快遞車公司，浪漫的人或許會覺得很高興（但我是在每天看見快遞進出後六個月，才想到可以投資快遞業）。

前面提過，巴菲特許多投資構想來自他生平熟知的企業——他因為身為消費者而了解可口可樂，因為當過送報生而了解《華盛頓郵報》。不用別人在一旁說明，他就知道這兩項產品的好。幾十年後他再研究兩家公司的財務報表，發現它們也是很好的公司。接著，他就等待股票漲跌到適當價位。

十年後這家公司會如何？

要回答這個問題，不需要準備十年的現金流量資料。

你只需要確定這家公司的獲利會大幅增加。獲利大增來自公司的表現優於實際和潛在的競爭者、營業額成長、控制成本。如果你無法回答這個問題，就不要投資。

跟著感覺走

熟悉統計數字、了解產品、市場狀況、競爭情形，然後退一步，誠實回答以下問題。你覺得自己多了解這個行業？你知道大家為什麼買這種產品？市場情況如何？也就是說，各家廠商的市場占有率如何？一年內會有什麼新產品或改款出現？五年內呢？你會如何改善業績或毛利？你應該有信心回答這些問題。也應該相信你投資的公司的管理階層也跟你一樣深謀遠慮。

投資在某家公司，等於和該公司的經理人建立伙伴關係，並擁有一段特定的經濟關係。此外，還有兩個感性的問題：

(1)你對這種產品和市場有無罪惡感？

若問你是否真的想靠投資某樣產品賺錢並不過分。槍和香菸會害死人，酒和漢堡有害健康。身為投資人，你不必每天銷售這些產品，可是你從這些產品的銷售收入中獲利，負有道義責任。即使是迪士尼，現在也被批評有鼓吹暴力、同性戀、剝削廉價勞工的嫌疑。你可能投資於某家公司好幾年甚至數十年，你確定自己投資賺的錢心安理

你可能投資於某家公司好幾年甚至數十年，你確定自己投資賺的錢心安理得嗎？

得嗎？巴菲特長期以來什麼都投資，除了香菸公司。

⑵你滿意這家公司的管理階層嗎？

　　稍早談過管理階層的才能和應變能力。他們誠實嗎？他們是否坦承問題和錯誤？他們忙於人事接班，還是忙於擊退潛在的競爭者？他們對負責行銷和研發新產品的中低階層幹部心存感激嗎？酬勞的分配如何？公司的盈餘是否公平分配給員工、管理階層和股東？巴菲特不喜歡配股的作法，他認為配股會助長做短線的風氣，不分配股利或分配得少，很容易就能把每股平均價值拉抬到最高點。

你願意把錢交給這些經理人十年嗎？

　　你把錢託付給別人隨意使用，你願意嗎？你對掌控這些錢的經理人滿意嗎？假設你是唯一的股東，要到一個荒島十年。屆時這些人是否能讓業務成長，使你和他們一樣都享受到獲利？

7 商譽

　　假如有些企業的實質價值超過已審定的資產負債表上
的淨值，表示一定有其他資產項目未被列入計算。實質價
值和帳面價值之間的差距叫「商譽」。這個常見的名詞在
不同場合有不同意義。最常用的意義，是指買下一家企業
的價格和它帳面價值的差距。實質價值和帳面價值的差
距，稱爲「經濟商譽」，是本章採用的定義；至於買下一
家企業的價格和它帳面價值的差距，則稱爲「取得商
譽」。

　　企業都需要有形資產。然而，造就優異獲利能力的因
素，像是管理階層的努力、與客戶或供應廠商的良好關
係、價格競爭力等，卻從未出現在資產負債表上。歸納巴
菲特、費雪和波特的真知灼見，我們看到具有經濟商譽的
企業，通常兼具經營和產業情況良好的條件。所謂產業情
況良好，是指需求增加或其他有利現象（巴菲特稱之爲順

▌實質價值和帳面價值之間的差距叫「商譽」。

風），加上不必捲入激烈競爭中。企業能免於全面競爭，可能是因為擁有穩固的市場占有率、成本優勢，或是新競爭者進入市場受限等。除了前面兩章提到的價值因素分析和直覺感知因素之外，企業創造經濟商譽的財務線索有哪些？

資金來自他人的口袋

企業需要土地廠房和存貨等資產來營運。要維持這些資產，它們從股東、債權人和供應廠商等處籌募現金。有些企業的資金來自客戶，就像雜誌是靠訂戶生存。過去一世紀以來，最熱門的股票是資產和獲利關係最密切的產業，例如鐵路、銀行、汽車製造、鋼鐵和紡織。擁有許多這些類股的葛拉漢公司被認為基礎穩固、股價有實質的東西支撐。巴菲特的波克夏公司前身是紡織業，擁有高價值的廠房，但獲利不佳甚至呈現虧損。

這樣的企業想要成長，結果會如何？假設有這麼一家公司：

沈重控股公司

資產負債表

現金	0	負債	0
股票	5	供應廠商	12
債務人	7		
廠房	100	股東資金	100
總資產	112	總負債	110

損益

營業額	70
稅後盈餘	5

　　沈重控股公司在接下來十年中，努力讓獲利提高一倍，年成長率達7%。可是，若獲利每年要以7%的中等速度增加，營業額也必須成長一倍。而爲了讓營業額加倍，股票面值、債務人和固定資產可能也必須提高一倍。

　　十年前，沈重的「營運資產」（股票、債務人和固定資產的總和，減去供應廠商貨款）總數爲100（5+7+100-12）。十年後，它將需要200的營運資產（假設股票10，債務14，固定資產200，供應廠商貨款24）。即使不分配股利，十年下來的保留盈餘也不過75，但營運資產已增加100。爲了生存，它必須借貸25或發行價值25的新股。這顯然行不通，因爲到頭來它會到達借貸上限，要不然原本股東的股票也會稀釋到沒有價值。

　　我們可以另一種方式證明沈重減損價值：假設你認爲所有企業應該值盈餘的十倍。沈重一開始價值50，十年後價值100。沈重的價值增加了50，可是身爲股東，你必須提供100的額外投資。沈重每保留你投資的兩塊錢，只賺進一塊錢。

　　我們可以說，沈重是具有「負經濟商譽」的企業，它倒閉的價值超過生存，所以實質價值低於帳面價值。當然，可能有人願意付帳面價值，或者公司主管可能變賣表現不佳的資產，不過通常沒有人會這麼做。

　　而另一家公司輕鬆的毛利和沈重一樣，可是資產少很多。假設輕鬆十年間的成長和沈重相同，十年後的營業額和盈餘會增加一倍。它的營運資產很可能也增加一倍，由20變成40，所以有20是新投資的。在這十年期間，盈餘將會超過75，而公司只需保留20；因此，資產負債表上將出

現55的現金（外加利息）或有同額的股利。我們再假設輕鬆一開始價值50，十年後價值100，再加上55的現金，輕鬆創造了105的價值，而投資額是20，等於每保留一塊錢，就創造五塊錢的價值。

輕鬆控股公司

資產負債表

現金	0	負債	0
股票	5	供應廠商	12
債務人	7		
廠房	20	股東資金	20
總資產	32	總負債	32

損益

營業額	70
稅後盈餘	5

獲利各不相同

沈重為什麼產生負經濟商譽？原因之一是現金枯竭或無法籌募現金。普通的企業情況和沈重不同，但也很難長期維持輕鬆公司那樣的成績。事實上，很多企業即使只以普通的速度成長，也需要保留相當多的盈餘。從這兩個例子可以看出，是否保留盈餘並非重點，重要的是如何運用這些盈餘再投資。沈重必須把所有盈餘再投資，但在這過程中價值減少了。輕鬆只須把部分的盈餘再投資，就能創

> 巴菲特的股權投資，幾乎都可以歸納為：他們都是可以把資金以極高的報酬率再投資的成長型公司。

造價值和現金。

巴菲特的股權投資，幾乎都可以歸納爲：他們都是可以把資金以極高的報酬率再投資的成長型公司。

你怎麼知道一家公司有沒有這種能耐？每家公司都有再投資和獲利的紀錄，兩者可以綜合爲「股東權益報酬率」（return on equity）。股東權益報酬率是稅後純益（或淨所得），除以股東一整年平均投資金額後得到的值。

我們將在後面幾章進一步說明，不過一般來說，股東資金（又稱爲淨值、帳面價值，或帳面資產淨值）是股東原本的投資金額和後來的保留盈餘的總和。淨所得是股東從投資中獲得的利益。

我們從股東權益報酬率，很快就能看出一家公司是像沈重還是像輕鬆。大部分企業的股東權益報酬率很難超過10%到12%。原因很簡單，假設一家企業的股東權益報酬率是15%，它會吸引競爭者加入，以便獲得高於存款或投資一般產業的報酬。只有具備巴菲特投資標的特色的公司，才能擊退競爭者，並維持高股東權益報酬率。要記住，高股東權益報酬率的吸引力，只在於它代表一家公司能繼續投資獲得高利潤。

這種分析法的教訓是，並非所有公司的獲利都一樣。像沈重這樣的公司，必須把所有盈餘都拿去再投資，否則無法成長。即使股東權益報酬率10%的普通公司，也不得不把大部分的盈餘拿去再投資。巴菲特說得很有道理，每

股東權益報酬率是稅後純益（或淨所得），除以股東一整年平均投資金額後得到的值。

個投資都有兩個層面，一是企業本身宣布的盈餘，一是這些盈餘的命運。沈重這樣的公司只能再投資，而一般的公司可以再投資獲得普通的報酬，或停止成長。輕鬆那樣的公司也必須再投資，可是再投資的報酬可觀，能獲得更多現金。

稅賦和通膨

投資人在意的是報酬總額。稅賦是投資過程中不可避免的重要事實，因此，投資人必須考慮其他投資機會的所有稅後報酬。這是巴菲特尋找長期成長的上市公司時所考慮的因素，他希望股票價值來自股價上揚而不是股利，而稅賦可以延後到賣出股票時再負擔。由於股票和其他證券的資本稅一樣，稅賦很少成爲吸引巴菲特投資或促使他不投資的重要因素。

第二次世界大戰後週期性的嚴重通膨，對巴菲特造成很大影響。一般物資的價格上漲，好幾次使得現金、政府公債和其他債券的價值只剩下十分之一而已。四十年前看起來不錯的3%固定利率，這時會使許多家庭的投資組合的實質價值嚴重縮水（10%的通膨率，會使利率3%的債券在十年內價值減半）。如果通膨是10%，股東權益報酬率10%的企業的獲利將只在原地踏步（假如股利要課稅，價值更會減少）。此外，不論企業的獲利有無增加，都必

投資人在意的是報酬總額。稅賦是投資過程中不可避免的重要事實，因此，投資人必須考慮其他投資機會的所有稅後報酬。

須把全部盈餘拿去再投資。反覆出現的通膨和其他因素一樣，促使巴菲特注意股東權益報酬率。

像債券的股票

假如企業長期間無法提高股東權益報酬率，我們可以把它當成特殊的債券——能夠提供10%至12%現金報酬，或以同等報酬率再投資的有價證券。傳統的政府公債或公司債創造5%至7%的報酬率時，這樣的股票可能吸引我們以高於帳面價值的溢價投資。可是，通膨本身隨時再出現的威脅，可能把債券的應收利率推向10%甚至更高。巴菲特在1977年一篇文章指出，通膨本身並不會增加企業的股東權益報酬率，這個現象和當時一般人的想法相反。也就是說，通膨可能增加債券的報酬率，但對股票的報酬率沒有幫助。因此，股票投資人習慣的溢價可能消失的風險永遠存在——一般的股票經過長時期後，可能已經沒有商譽。

8 資金分配

　　巴菲特一再強調，企業管理階層的主要任務之一就是資金分配，此話現在看起來的確很有道理。假如企業的成長需要挹注資金，而再投資的報酬率不理想，即使成長快速的企業，也可能出現負面的經濟商譽。巴菲特經常以儲蓄存款帳戶為例，如果存款利率是10%，而且所有利息都再存入，獲利也會每年成長10%。這並沒有什麼神奇之處。奇怪的是，許多大型企業的經理人多年的獲利績效都無法達到這個水準，卻仍然倍受讚許。

　　除了再投資於本業，企業的管理階層還有幾個方式可以運用資金，以創造商譽或造成負商譽——多角化經營與收購、分配股利與保留盈餘，以及負債政策。

多角化經營與收購

　　波克夏是現存的企業中，多角化經營程度最高的大型企業之一。波克夏的主要業務是保險，另外也經營家具、珠寶、報紙、鋼鐵、百科全書和吸塵器等行業。波克夏的版圖大幅擴張，要歸功於收購，不過巴菲特仍然批評一般

從事收購或多角化的公司。他認為，許多企業的收購行動源於經理人好大喜功和自身利益，很少對股東有利。即使是優良企業，也會進行不必要的多角化收購，而這樣做通常是出自顧問或投資銀行的鼓吹。另一個原因是學者宣稱，要降低風險就要多角化經營。基於這個因素，巴菲特不贊成企業收購很多業務不相關的子公司，他也反對投資人為了減少風險，而把股票投資組合規畫的太龐雜。

事實上，巴菲特認為經理人從事收購或跨足其他產業時，應先仔細考量以下幾個他使用的投資原則：我是不是了解這個產業？這家公司是否經營良好，或是我們是否可以更換高階主管？收購價格是否低於實質價值？如果企業經理人認真考慮過這些問題，收購案就會少很多。

巴菲特最反對企業收購其他公司，又以自己的股票來支付的作法。他的檢驗方法是，被收購的公司的價值應高於用來支付收購的價值。根據他的經驗，公司若發行新股以支付收購費用，經常讓被收購公司的主人賺飽，反而讓自己公司的股東受到損失。波克夏現有的管理階層經營公司三十多年來，公司市價和帳面價值增加一千倍以上，發行的股票數量只增加8％。

分配股利與保留盈餘

成長中的企業幾乎都必須保留盈餘（上一章中提到的

巴菲特最反對企業收購其他公司，又以自己的股票來支付的作法。他的檢驗方法是，被收購的公司的價值應高於用來支付收購的價值。

輕鬆公司和沈重公司都是如此）。股東權益報酬率高的企業，也應該有創造現金的能力。滿足於現狀或能力不足的管理階層，會把高報酬的業務賺取的現金，用在昂貴的購併案或存放於銀行。把現金存在銀行比無端浪費好，但對股東而言還不如直接回饋他們。保留現金的最壞結果是，公司管理階層自滿於現有成績，而且使成本不必要的上升，讓競爭者靠較低的價格進入市場。

企業應該隨時擁有足夠的現金，以免在不景氣時面臨債權人的追討壓力。購併行動亦無不可，只要它增加的實質價值高於成本。在大部分情況下，拿到股利對股東有好處，因為這筆錢他們可以另外再投資。

愈來愈普遍的買回股票行動，是一種奇怪的分配股利方式。企業用現金從投資人手中，把股票買回。檢驗價值的原則，仍然是企業為每股付出的價格應低於每股實質價值。巴菲特很喜歡買回股票。他很少賣出管理階層以股東利益為導向的公司股票，所以他擁有這類公司的股份不斷增加。最讓人驚訝的例子是蓋可保險。波克夏在1970年代末期以4,570萬美元買下蓋可保險33.3%的股份。蓋可保險的盈餘大幅增加，也帶來鉅額現金。蓋可用多餘的現金買回自己的股票，到了1995年，雖然波克夏並未直接買進其他股份，但已擁有蓋可保險一半股權。後來波克夏以23億美元買下另一半股權。

> 企業應該隨時擁有足夠的現金，以免在不景氣時面臨債權人的追討壓力。購併行動亦無不可，只要它增加的實質價值高於成本。

　　買回股票的作法，最近以「股東的價值」名義大行其道。對大多數高獲利的企業，這樣做可能破壞價值——能以5毛錢買到1塊錢的東西很聰明，以2塊錢買1塊錢的東西則愚不可及。我懷疑，很多公司的管理階層買回自己股票，是因為他們知道這樣可以提高每股獲利，但分配股利的效果剛好相反。對於這種公司，買回自家股票只是昂貴的增加債務的方式，接下來就討論這一點。

負債政策

　　巴菲特追求高股東權益報酬率，可是不願意以高負債為代價。事實上，很多企業只要舉債，就可以提高股東報酬率。這樣做的代價不只是利息負擔，更嚴重的是有朝一日現金流量可能中斷，公司會倒閉。只要股東權益報酬率長期平均值很高，我們不應該在意獲利的變化。公司負債太多絕對會有倒閉的危險。整體負債比例應該維持低水準，其衡量標準是利息支付能力和債權人認為安全的限度。股東權益報酬率應以企業的營運資產來衡量，也就是營運所需的資產和債務，包括適量的現金或負債。通用電器就是股東權益報酬率高、但依賴更高的負債支撐的一個例子。

9 股東權益報酬率

　　巴菲特把股東權益報酬率視為評估投資成敗的指標。
商譽是企業有能力從再投資的資金獲得高報酬時，企業價
值對帳面價值的溢價。長期股東權益報酬率為10%的普通
企業，在低利率時期可能有溢價，可是利率會在高低之間
游走，所以這個溢價可能很快就消失。巴菲特發現，比較
保險的作法是尋找股東權益報酬率突出的企業，這樣的報
酬率可能一再重複而且遠超越一般債券或現金報酬率。

　　這裡再提一次股票近似債券的情形。前面曾說過，報
酬率10%的股票，或許和利率10%的債券價值相同。股票
和債券有兩大差異，首先，債券有到期日，也就是償還本
金或議定新利率的日期。而股票的股東權益則永遠存在。
除非你是有決定權的大股東，否則你只能聽任管理階層決
定是否分配股利或把賺到的現金再投資。第二個差異則和
再投資風險有關。

　　「再投資風險」是你無法把證券帶來的收益妥善投資
的機率，即使投資的期限不變。如果你購買利率10%的債
券，而且對債券的信用風險感到滿意，在到期之前，你可

以確定每年可得到本金10%的收益。你無法確定的是，定期得到的收益有多少購買力。你也無法預知，通膨會把物價推到什麼水準，或是目前利率會對股價造成何種影響。這個問題並不深奧。按照合理的推算，這種債券的收益價值，十年後將遠超過原本的投資。假設你在拿到第一年的收益之前利率下降，那麼利率10%的債券到現在會值錢很多。長期的總報酬率則無法預估。

巴菲特以相反的角度思考。如果你把股票看做可以提供固定報酬率的債券，你會擁有「再投資機會」。股票會有股利，不過這個股利（或者說如何運用股利）仍無法預測。但保留盈餘將以能夠預知的股東權益報酬率再投資。假如長期的股東權益報酬率是10%，保留盈餘也可以帶來10%的獲利。一般的債券把「盈餘」全數付給投資人作為收益。大部分的上市公司把50%或更低的盈餘拿來分配股利。成長快速、可能買回股票的高報酬率公司，或許只會撥出一小部分的盈餘來發放現金股利。

成長中的企業有機會把盈餘的大部分以高報酬率再投資，稱為再投資機會。有這種機會的企業最能創造商譽。巴菲特大部分的投資，都具備此一基本財務特點。美國運通的股東權益報酬率是23%，吉列超過35%，可口可樂更高達55%。這些公司的報酬率仍持續上升。（不要忘記安全邊際的原則。即使是這麼賺錢的公司也可以訂出價值，而巴菲特只願意付低於價值的價格）。

「再投資風險」是你無法把證券帶來的收益妥善投資的機率，即使投資的期限不變。

　　總結來說，股東權益報酬率的重要性在於，它可以讓我們預估企業把盈餘再投資的成效。長期股東權益報酬率20%的企業，不但可以提供高於一般股票或債券一倍的收益，也可以經由再投資，讓你有機會得到源源不絕的20%報酬。最理想的企業能以這樣的增值速度，長期把所有盈餘都再投資，使你原本的投資以20%的複利增值。

如何計算股東權益報酬率

　　股東權益報酬率包含兩個要素——淨收益和股東權益。要記得把支付出去的款項從淨收益扣除，包括稅賦、優先股的股利、收購其他企業時付出的成本，以及配股給公司高級主管的成本。特殊的開支和收入可以不列入計算，但要記得，特別進行降低成本方案的企業，可能要和一直以來維持低成本、管理良好的企業競爭。另外，淨收益要加上定期攤提的取得商譽，取得商譽並非真正的成本，而是會計調整帳目。折舊雖然不是用現金支付，卻是實際存在的沉重成本。淨收益應扣除折舊，除非等值的金額已調整為資本支出（說明如後）。

　　巴菲特開創「股東收益」（owner earnings）和「完整收益」（look-through earnings）的觀念。這兩個名詞有別於淨收益，他們還包含兩個其他因素。假如某家企業擁有另一家企業的小部分股權，它只能把股利收入列進帳目。這些股權的實際收益可能高於帳面數字。波克夏1996年持

　　股東權益報酬率的重要性在於，它可以讓我們預估企業把盈餘再投資的成效。

有美國運通10.5%的普通股股權，因而能得到美國運通10.5%的淨收益，也就是1億9,000萬美元，其中4,400萬美元以股利形式發放，餘額則再投資。波克夏的帳目只顯示拿到的股利金額。完整收益包含所有隱藏的金額。

股東收益的觀念適用於所有傳統產業，它的用意是根據其他例行的現金流量效應調整淨收益。就算只是要和通膨同時成長或即使業績沒有成長，大部分企業都必須把盈餘再投資於更高額的營運資金和固定資金。藉由把折舊加進淨收益，然後扣除業績不成長情況下所需投資的資金，股東收益可以估算出企業真正得到的現金收益。

在實務上，我們很難區分必要的投資以及追求成長而進行的投資。我們看到，股東權益報酬率高、不依賴負債的企業，可以藉由再投資獲得高報酬而成長。像沈重那樣股東權益報酬率低的企業，把所有盈餘都再投資仍徒勞無功；這種企業的股東收益很低，甚至是負數。

即使是股東權益報酬率高的企業，也必須保留部分盈餘進行必要的再投資，因此本書是以淨收益計算股東權益報酬率，不是用股東收益。

至於股東權益的計算，就沒有這麼單純。我們會面臨定義的小問題，像是必須扣除優先股、少數持股、買回股／庫藏股；而且，除非當年度有大規模的資金募集行動，否則我們應該用股東權益總額的平均值。更大的議題是牽涉到無形資產，例如取得商譽、專利權和媒體專用權。取得商譽很棘手，因為怎麼看待它都有問題。如果把它列入計算，我們可能高估支持營運資產所需的資金，因而低估真正的報酬率。如果不列入，我們或許會忽略投資大量現

金只得到低報酬的可能性，導致股東權益報酬率比實際高
很多。富國銀行是一個很好的例子，其股東權益報酬率曾
高達30%。1996年富國銀行以113億美元買下另一家銀行
集團，其中94億用於商譽或其他無形資產。1996年富國的
股東權益報酬率大跌至9%。若把分期攤提的商譽加進淨
收益，但不改變帳面股票價值，股東權益報酬率會上升到
13%。如果把無形資產列入計算，股東權益報酬率會高達
38%，可是這樣做是錯誤的。如果富國銀行另外付出價值
10億美元的股票，其無形資產的股東權益會減少，使股東
權益報酬率變得更高，可是業績表現絲毫不會改變。這個
難題有一個解決辦法，就是把新投資的增值現金報酬計
入。下一章將討論這種作法。

其他型態的企業

有些產業的長期股票增值雖然可能不遜於其他業務，
但我們很難計算股東權益報酬率。保險公司的大部分資產
可能以股票形式持有，年度報表上顯示的唯一收益是股
利。保險公司持有的股票所屬公司的保留盈餘，最後會以
未來的股利或資本利得顯現，但後者可能不固定而且難以
預測。波克夏也有這種困擾，它持有的股票比一般保險公
司少，使得它的完整收益較容易估計。

地產公司和其他長期持有資產又希望從資本獲利的企
業，例如投機資本家，基於同樣因素不易估算股東權益報
酬率。

10 增值報酬率

上一章提到，商譽和其他無形資產如何使我們不易分析股東權益報酬率。有時候，歷史資產負債表會誤導我們。若企業有大額的歷史資金，看起來可能有不錯的股東權益報酬率，可是資金需要重置時，股東權益報酬率就會下降。如果一家企業過去有虧損，會使股票價值降低，造成報酬率上升。這種情形會反覆出現。要解決這個困擾，切記，企業從再投資的資金獲得的盈餘，才是我們關心的重點。

股東權益報酬率的基本算法很簡單，就是目前盈餘總額和過去投資總額的比率。要掌握一家企業最新的盈餘數字不會太難。我們要看的是再投資所得的報酬和再投資金額的比較。這樣做並不能預測未來的股東權益報酬率，但它比較能得到最新的數據，也可以化解前面提到的會計帳目計算困擾。筆者稱這種方法為增值報酬率（incremental

股東權益報酬率的基本算法很簡單，就是目前盈餘總額和過去投資總額的比率。

principle），其公式為：

$$\frac{\text{第二年調整後的淨收益 } - \text{ 前一年調整後的淨收益}}{\text{第二年年底的股東權益 } - \text{ 第二年年初的股東權益}}$$

注：調整後的淨收益，是指扣除稅賦和優先股股利後的盈餘，但尚未扣除普通股股利和其他特殊支出。

　　以下舉的例子是一家被以帳面價值溢價50買進的企業，取得商譽略而不計。

商譽股份有限公司

項目	第 1 年	第 2 年	第 3 年
商譽	（50）	（50）	（50）
固定資產	30	33	36
淨流動資產	20	22	24
淨資產	50	55	60
淨收益	10	10.5	11
股東權益報酬率	20%	19%	
增值報酬率	10%	10%	

　　第一年的股東權益報酬率是20%，看起來很突出。可是增值原則揭露了真相。因盈餘每年只增加0.5，但每年要再投資5於營運資產，使增值報酬率增加10%。如果增值報酬率維持這個水準，股東權益報酬率最後也會跌到10%。從事收購的企業集團大多就是這樣，它們每完成一次收購後似乎獲利可觀，但很快就減緩；只有進行另一項收購，才能明顯改善報酬率。下一個例子可顯示另一個常

見現象。

新成立股份有限公司

項目	第 1 年	第 2 年	第 3 年
固定資產	120	123	127
淨流動資產	80	82	84
淨資產	200	205	211
淨收益	10	12	14
股東權益報酬率		6%	7%
增值報酬率	40%	33%	

　　許多剛成立的公司或剛進入某一產業的公司，都有上面的現象，特別是旅館業或重工業，因為它們的產能充分運用時，投入的大量資金才有獲利。請注意淨收益是以每年15%至20%的快速度增加。不過，從股東權益報酬率和增值報酬率比可以看出來，表面上飛漲的收益其實並不突出。如果第一年投資的200是存在銀行，這三年中的每一年獲利結果都會更好。

　　挑選會受巴菲特青睞的股票的另一個原則是——股東權益報酬率要高，而且能持續維持高報酬率；增值報酬率也要高。

資產負債表不清楚時，增值報酬率有助於估算長期的股東權益報酬率。不過，在我們評估的年度中，企業的獲利和股東投資金額都必須有所增加。

超越增值原則

　　資產負債表不清楚時，增值報酬率有助於估算長期的股東權益報酬率。不過，在我們評估的年度中，企業的獲利和股東投資金額都必須有所增加。獲利持平或萎縮時，要先確定這是否為長期現象；我們或許還能估算隱藏的增幅，但如果收益持續減少，顯然會有風險。除了資產大幅減列、虧損或買回股票，股東的資金很少會減少。這時要小心──如果減列和交易無關，我們計算增值報酬率時可以把它再度列入，可是備付資產經常掩藏交易的問題。

　　有一個值得玩味的相關問題：如果持續成長的企業不再需要保留資金，我們該怎麼辦?這種情形並不多見。像美國運通或蓋可保險，這樣的企業在公布獲利之前即吸收客戶的存款或保費，就會有這種現象。在這種情況下無法運用增值報酬率，因為股東的投資會減少；我們只能依賴股東權益報酬率。

11 價值的估算

現在，讓我們總結前面介紹過的選股原則。

• 適合我們持股的企業，必須是我們了解其產品，且知道其產品的需求為何會增加的企業。其管理階層必須具備能力和誠信。企業本身須具有長期優勢，讓新的競爭者無法介入、現有的對手無法抗衡，而且對客戶和供應廠商有主導價格的實力。最理想的投資標的，是不受政府管制的獨占事業；要不然就選擇市場地位無法動搖，或具備長期成本優勢的企業。

• 一般企業的長期股東權益報酬率通常在10%至12%之間。目前債券的報酬率較低，可是反覆出現的通膨有時會使得債券的報酬率高一點，甚至超越股票。因此，一般股票雖然實質價值常高於帳面價值，也就是說，擁有商譽，但溢價可能無法持久。

• 可以維持高股東權益報酬率的企業，通常具有長期的經濟商譽。如果企業能運用大量的保留盈餘並維持高報酬率，商譽會以倍數增加。

折現率

　　折現率是我們比較長期股東權益報酬率的比率。學者
成篇累牘，說明資金成本的不同計算方式。巴菲特採用比
較簡單的方式。他時常建議用長期政府公債利率。不過，
這個利率會變動，況且，我們憑什麼預測？事實證明，巴
菲特以10%利率為基準，同時以稅前15%的比率挹注資金
給旗下企業，而得到差不多的利率。重點是，你要採用大
一點的安全邊際，這樣不論你採用8%、9%還是10%的折
現率，結果不會相差很多。而由於投資時要選安全邊際最
大的證券，因此和實際的折現率高低並無關係。

實質價值

　　假設你發現一家企業能長期以20%的年報酬率運用新
資金，估算其實質價值的方法有兩個。首先，你可以模擬
未來的獲利和現金流量，然後以每年10%的折現換算為目
前的數字。在實務上，這個方法不易運用，而且因為投資
表現被高估，算出的數字經常過高。或者，你可以按照本
書目前所採用的方法，並把股票看做債券。

　　假設一般利率是10%左右。利率10%的債券會以票面
價值出售，利率20%的債券會以票面價值的兩倍出售；例
如，以面值25元發行、長期能每年提供5元收益的債券，
很快就會吸引大家以票面價值的兩倍（50元）投資。報酬
率20%的股票有一個好處，就像債券一樣，股票的部分獲
利會以現金支付，部分獲利會保留下來。如果能保留獲利
和20%的股東權益報酬率，股票會變成一種新的債券，讓

你能以票面價值的20%買進新債券：企業每保留1元的獲利，就能每年提供0.2元的獲利或2元的價值。大致說來，這樣的企業保留的盈餘，比普通企業的盈餘價值多一倍。通常，企業保留盈餘的價值，等於增值報酬率對一般利率的比率，然後再把這個盈餘比率折現，求出實質價值。

$$實質價值 = \frac{盈餘 \times （長期股東權益報酬率或長期增值報酬率）}{（折現率）^2}$$

由於我們假設長期折現率是10%，這個公式等於，盈餘乘長期股東權益報酬率再乘100就是實質價值。股東權益報酬率通常是以百分比呈現，所以我們可以這樣說：證券的實質價值就是本益比與股東權益報酬率相等時的價值。

安全邊際

估計出證券的價值，只算做完一半的功課。我們投資上市公司的股票只得到賣出股票的權利。我們買進股票，不會增加那家公司的價值。因此，我們沒有必要花一塊錢買價值一塊錢的東西。

假設我們發現一家普通企業的股東權益報酬率是10%。以下例子顯示，該家企業保留所有盈餘，並繼續以每年10%的速度成長：

歷史盈餘			目前盈餘		未來盈餘	
11.3	12.4	13.6	15		16.5	18.2

我們估計出實質價值為：

$$實質價值 = \frac{15 \times 0.1}{(0.1)^2} = 150，或本益比10$$

這個值也是這家企業的市價，也就是我們買進這家企業的股票價格。因為未來的盈餘是從每年成長10％的股東權益，繼續每年增加10％，所以股東權益報酬率會維持10％。實質價值和市價很可能也以10％的速度增長，但未來市價的漲幅，應除以每年10％的折現率，算出現在的價值。我們現在以150買進，兩年後會漲到182，而現在的價值也是150（182除以1.1的平方）。總之，以實質價值的價位買進，代表投資的價值實際上不會增加。安全邊際純粹是指我們買證券時，應以實質價值的最大折價買進。這樣做有三個好處，最大的好處是我們可以用時間換取獲利：

(1)投資人都知道投資標的基本價值和市價會上揚；或者，我們也可以坐享獲利和股利增加。

(2)我們不必擔心大盤的走勢。證券只有具有安全邊際與否的問題。市場或許會崩盤，但一段時間以後，最初經過妥當挑選的證券會增值。

(3)安全邊際是對我們自己的能力和外在風險的保單。上市公司的管理團隊可能會垮台，產品可能有回收的時候，我們的預測可能錯誤——可是精明的投資人在買進時

安全邊際純粹是指我們買證券時，應以實質價值的最大折價買進。

已得到足夠價差，即使投資標的表現再差，也不會虧損。

安全邊際還有一個好處。假設你以遠低於實質價值的價格買進股票，後來股價下跌，可是你不必煩惱帳面上的損失，反而會覺得，市場給你機會以更大的折價幅度買進股票。

實質價值要有多少的差額才算適合價位？巴菲特經常說，要以5角買1元的東西。我們在實例研究中可以看到，巴菲特通常是以實質價值一半左右的價格買進股票，不過就折價來說，確實的比率並不重要。如果你以遠低於實質價值的價位買進證券並長期持有，將可大幅獲利。

在這一章裡，我用「證券」而不是「股票」，是因為實質價值和安全邊際的觀念，也適用於債券、現金、不動產和藝術品。身為投資人，你要找出被低估、而且你了解的投資標的，然後長期持有。巴菲特懂股票，但有時也買賣債券。或許你擅長的其他投資標的。

脫手時機

葛拉漢在證券價格超過實質價值時，就準備脫手。費雪不願意賣出，除非他發現自己對上市公司的評估錯誤，可是如果有更誘人的投資機會出現，他就會勉強賣出。如果選股時看錯，巴菲特會賣掉股票。他很少單純為了別的

實質價值要有多少的差額才算適合價位？巴菲特經常說，要以5角買1元的東西。我們在實例研究中可以看到，巴菲特通常是以實質價值一半左右的價格買進股票，不過就折價來說，確實的比率並不重要。

投資機會，而賣出原本持有的股票。他不賣股票，和稅賦有關。第二章說過，延後負擔資本利得稅的好處大於定期領取獲利。巴菲特的理念是，堅持投資於你了解的上市公司，比追逐其他不確定的高報酬更有意義。隨著你對某一公司成長潛力的了解增加，安全邊際也會提高。

有時候，情感會影響投資。巴菲特買下波克夏後，原本的紡織業務仍持續二十一年。雖然紡織部門時賺時虧，但無法再拿出吸引人的表現。巴菲特當時沒有關閉紡織部門，是因為他覺得自己對員工和工廠所在的社區有責任；況且，紡織部門還是有些許收入。後來紡織部門無法再帶來現金，而且局面沒有改善的希望，巴菲特才結束紡織業務。

巴菲特把他擁有小部分股權的大型上市公司，稱為「永久持股」。1991年他在文章中表示，他會無限期持有當時的四大投資標的，包括首都傳播／美國廣播集團、可口可樂、蓋可保險和《華盛頓郵報》。1991年之後，波克夏買下蓋可保險全部股權，並繼續投資在上述其他三家公司。首都傳播後來被迪士尼公司收購，波克夏在那筆交易中得到迪士尼股票。巴菲特也說過，波克夏絕不會出售擁有全部股權的公司。

隨著你對某一公司的成長潛力的了解增加，安全邊際也會提高。

第 3 篇

實例研究

- 美國運通公司
- 可口可樂公司
- 蓋可保險公司
- 吉列公司
- 迪士尼公司
- 華盛頓郵報公司
- 富國銀行

12 美國運通公司

　　波克夏在1991年買進美國運通公司（American Express）3億美元的可轉換優先股。這些優先股在1994年自動轉換成1,400萬股的普通股。波克夏1994年再以4億2,400萬美元買進1,380萬股普通股，1995年以6億6,900萬美元買進2,170萬股，而這三次買進的股價分別是21.4、30.8、30.8美元。

公司沿革

　　美國運通隨著美國歷史的發展腳步調整其營運型態。它是在1850年由紐約幾家快遞業者合作成立，當時的重要主管是威爾斯（Henry Wells）和法戈（William Fargo），他們後來於1852年在加州創立富國銀行（Wells, Fargo and

> 美國運通是在1850年由紐約幾家快遞業者合作成立。到了1880年，美國運通已在19個州設有4,000個辦事處，服務美國各地的拓荒者。

Company）。到了1880年，美國運通已在19個州設有4,000
個辦事處，服務美國各地的拓荒者。美國運通也和富國一
樣，和郵政局展開競爭。郵政局在1880年代開辦郵匯業
務，美國運通則在1891年開辦旅行支票業務，1892年這項
新業務的業務量接近50萬美元。

　　第一次世界大戰期間，美國運通和其他快遞業者被收
歸國有。不久後，美國運通就改制，成立新部門，並運用
海外辦事處和卓越信譽，從事各種旅遊相關業務，包括旅
行社和外幣匯兌。美國運通的海外辦事處，很快就擠滿欲
前往世界各地旅遊的美國觀光客。

　　美國運通在1958年推出企圖心最強的新業務。當時，
公司簽帳卡和信用卡已存在數十年。1950年，大來卡
（Diners）開始和餐廳簽約，同時向持卡人和簽約餐廳收
取費用。美國運通發現可以把旅行業務的主要客源，包括
公司行號和高所得個人，吸納為公司簽帳卡和信用卡客
戶。美國運通大肆宣傳信用卡業務，等到正式開辦時，已
有25萬人申請辦卡，1萬7,000家商店願意簽約。雖然1960
年代有威士卡（Visa）和萬事達卡（Master）的競爭，美
國運通在高所得個人和公司簽帳卡方面，仍居於領先地
位。此外，相較於其他信用卡，美國運通對風險較低的客
戶只提供為期較短的有效期限，所以壞帳比例並不高。
1970年，美國運通卡的刷卡總額達23億美元。和旅行支票
一樣，美國運通以信用卡讓美國人減少使用現金。

　　1977年至1993年在羅賓森（James Robinson）領導之
下，美國運通的主要業務蒸蒸日上，但多角化的經營方
式，使現金流量消耗殆盡。當時流行「金融超級市場」的

觀念，也就是滿足客戶所有的金融服務需求，美國運通因此在1991年買下協森（Shearson Loeb Rhoades）投資銀行，隨後並買下許多證券公司和其他公司，但其獲利和股價卻停滯不前。

巴菲特和美國運通的關係

美國運通在羅賓森時期買下的證券公司中，有一家叫IDS。這家公司的股票是巴菲特最早投資的股票之一，他在1953年該公司本益比是3時買進。他寫了一份關於IDS的長篇報告，然後在《華爾街日報》上刊登廣告出售該篇報告，每份1美元。

1960年代中葉，美國運通發生「沙拉油弊案」。該公司囤積桶裝沙拉油，並以其名譽保證發行可以當作金融工具的憑證。不幸的是，美國運通遭人詐欺，有些沙拉油桶裡面空無一物。為了讓無辜的第三方免於損失，美國運通付出龐大代價，導致本身股價慘跌。巴菲特公司動用40%的資金，以1,300萬美元買下美國運通5%的股權。這項投資是巴菲特從無形資產中尋找價值的最早嘗試。他親自站在餐廳的結帳櫃台後面，並到銀行觀察，發現顧客和「弊案」爆發前一樣愛用美國運通信用卡與支票。他把這次弊案的代價比喻為美國運通配發股利，但股東並未真正拿到。換句話說，美國運通帳上只出現一次的成本，而這項成本不會減損未來盈餘的可能價值。從第一次買進美國運通股權之後，巴菲特就不斷投資於暫時陷入危機的各種優良企業，例如蓋可保險和富國銀行。

1991年的美國運通

　　羅賓森時代在1991年結束。美國運通1990年的財務情況惡劣；重整的費用和投資銀行、證券業務部門（此時稱之為協利公司〔Shearson Lehman Brothers〕）的虧損，高達9億6,600萬美元。當年的淨收益是1億8,100萬美元，遠低於1989年的12億美元。該公司發行普通股募得8億9,000萬美元，另從可轉換優先股募得2億美元。雖然美國運通努力使收支平衡，該公司的信用評等仍在1991年被降級，這對於以強大的財力為生存基礎的企業帶來危機。

公司是否為顧客創造價值？

　　美國運通1990年的營運狀況如下：

營業單位	淨收益	股東權益報酬率（％）
旅遊相關服務	956	28.1
美國運通銀行	111	19.2
IDS	207	14.5
ISC	103	21.8
協利	（966）	—

單位：百萬美元

　　IDS現在的主要業務是個人理財規畫和投資顧問服務。1984年美國運通買下IDS後，IDS獲利以每年22％的複利成長，擁有或管理的資產達14億美元。ISC則是成功的客戶名單處理公司，特別是信用卡公司的資料。美國運通銀行過去的放款紀錄不佳，但現在的主要客源是高所得

個人。信用卡、旅行支票和旅行社等旅遊相關業務，仍是美國運通的業務核心。1990年全球發卡數為3,650萬張，刷卡總額達1,110億美元。該年度的旅行支票營業額為250億美元，旅行社業務50億美元。除了股東權益報酬率高達28%（雖然這是扣除總公司開支之前的數字），旅遊相關服務的獲利在十年內成長5倍，也就是以每年18%的複利成長。

不過，市場競爭日益激烈。威士卡和萬事達卡已雄霸一方多年。美國運通很晚才進入信用卡市場，占有率不高，旅行支票和旅遊相關業務也面臨對手強力威脅。可是美國運通仍有突出之處。其信用卡是高所得個人和企業第一選擇，通常也是唯一選擇。運通卡代表實力、服務和遍布各地的簽約商店。

美國運通把市場占有率低的現象，解釋成是持卡人具備選擇品味，所以運通卡也代表身分地位。對於觀光客、企業人士和高級餐廳顧客，美國運通卡是他們的身分象徵。美國運通贏得客戶的品牌認同，金融服務公司很少能有這樣的成績。

管理階層是否為公司創造價值？

羅賓森的表現獲得很多人肯定，據說巴菲特是其中之一。羅賓森經由再投資和開發新產品，使主要業務蓬勃發展，但他也造成公司過度多元化。

公司是否為股東創造價值？

美國運通的股價五年來沒有起色。該公司用傳統業務

的獲利支撐表現較差的新投資，股東的利益則遭到反常的稀釋。1990年美國運通募集11億美元的新資金，並買回7,400萬美元的普通股、發放4億1,300萬美元的普通股股利：以較低的價格發行新股，造成舊股東的股票價值縮水，做法不當；另一方面，卻又以大批現金發放股利給舊股東，實在荒謬。

重要資訊解讀

巴菲特數十年前就對IDS的本業知之甚詳，不過任何人都看得出來，美國運通是金融服務業中連鎖企業眾多的特例。接下來，我們要探討波克夏1991年買進美國運通股權，和1994年及1995年再買進股權時的兩種截然不同的決策。

1991年的決策

美國運通一直到1991年還繼續募集資金。當年年中，羅賓森和巴菲特接洽，一星期後波克夏出資3億美元，買進美國運通的可轉換優先股。這些優先股的固定股利是8.85%，高於國庫債券的7.5%至8%利率。波克夏當時買進的美國運通優先股和波克夏買進的其他優先股不同，美國運通優先股只能轉換成普通股。依約定，波克夏三年後最多可以把這些優先股轉換成1,220萬股普通股，市價以4億1,400萬美元為限（如果普通股股價跌破24.5美元的成本價，波克夏可以延後一年再轉換）。由於理論上普通股可能下跌成為廢紙，雙方並未訂定股票價值下限。在最樂觀的情況下，連固定股利在內，報酬率約每年20%。巴菲特

大可見好就收，滿足於篤定的報酬，但他賭美國運通每股
價值高於24.5美元。

波克夏持有的美國運通股的市場資本額價值115億美
元。美國運通的年獲利超過10億美元（1989年和1990年的
獲利分別是12億美元），直到協森銀行發生虧損，獲利才
下降。另外，美國運通的股東權益報酬率遠高於20%。波
克夏投資美國運通的小部分股權，只是乘企業暫時陷入危
機時逢低買進的例子之一。

1994年的決策

在波克夏把美國運通優先股轉換成普通股之前的三年
期間，美國運通本身發生重大變化。羅賓森在1992年離
職，由管理IDS非常成功的高露（Harvey Golub）繼任。
高露和羅賓森一樣，決心奪回信用卡市場的占有率，並專
注於所有業務的主要營業額來源和獲利因素。他發現，經
營投資銀行的成本很高，於是著手出售不必要的關係企
業。首先脫手的是ISC。ISC是一家優良的資料處理公
司，但它和美國運通的核心價值以及客戶有什麼關係呢？
經過幾次股票上市，美國運通持有的ISC（現已改名為第
一資料處理公司〔FDC, First Data Corp.〕）股權減為
22%，換來21億美元的現金。接下來處理的是利曼
（Lehman）公司，美國運通把利曼公司賣給股東（股東不
是全數拿到美國運通股票，而是美國運通和利曼的股票各
一半）。利曼需要11億美元新資金，才能維持獨立自主。
這其實是挖東牆補西牆，美國運通的股東損失11億美元，
但成為利曼的股東作為補償。在1994年以前，原先的協森

和其他證券公司大多也被賣掉。

美國運通的主要業務又是如何？旅遊相關服務公司1991年和1992年的表現不佳。高露降低商家的手續費，以吸引更多商家簽約，同時又減少持卡人數，鎖定高消費族群。該公司也調整結構，節省日常開支。旅遊相關服務公司也是信用卡行業（非記帳卡）的新客戶，花了一段時間才擬訂妥善的借貸手續。IDS後來改名為美國運通理財顧問公司（還有其他公司這麼熱衷改名嗎？），獲利和以往一樣穩健。而美國運通銀行的業績則仍然時好時壞。

美國運通各主要業務的淨收益

年度	旅遊相關服務公司	理財顧問公司	銀行
1994	998	428	80
1993	884	358	92
1992	234	297	35
1991	396	248	60

單位：百萬美元

散戶投資人逐漸捨棄現金、銀行存款和公司退休金制度，而選擇貨幣市場基金、共同基金和個人退休金計畫的趨勢，讓理財顧問公司有利可圖。從1990年以來，該公司擁有或管理的資產增加一倍以上，達1,060億美元，獲利每年成長20%。公司雇用的規畫師人數和客戶人數也都有成長。

旅遊相關服務公司的業績成長，明顯反映公司在往後幾年缺乏重整費用和壞帳預付金。公司的實際表現令人刮

目相看。美國運通全力在高消費客戶用卡最頻繁的產業吸收簽約商家，包括零售、加油站、旅遊和娛樂業。娛樂業的簽約比例現在接近100%。美國運通為高消費客戶推出回饋計畫，內容有積點、贈品、折扣、飛行里程累積等優惠措施。

美國運通信用卡持卡人的平均刷卡金額是威士卡或萬事達卡持卡人的2.5倍。公司簽帳卡業務對美國運通舉足輕重。1993年全年的1,240億美元刷卡總金額中，公司簽帳卡的消費額就占340億美元。由於海外市場塑膠貨幣漸漸取代紙鈔，多年來旅行支票業務不振，但仍緩慢成長，獲利以平均每年20%的速度增加。

以下問題測驗你的了解程度

你知道大家為什麼買這家公司的產品嗎？

美國運通的主要收入，來自可以取代現金的產品，而這個消費習慣將持續下去。該公司出售具有品牌與核心價值的產品。向規畫師諮詢的民眾，依靠的是規畫師的專業能力和誠信。他們購買美國運通的產品，例如基金和年金，想要買的是專業能力和可靠的服務。持卡人買到的是高人一等的地位，以及海內外通行無阻的便利。而購買美國運通旅行支票，則可以得到通行無阻的便利和可靠的服務。

> 美國運通的主要收入，來自可以取代現金的產品，而這個消費習慣將持續下去。

這種情況和其他業者有相當差異。別的業者也有行銷能力和多樣產品，可是要創造無形價值、品牌形象並不簡單。威士卡和萬事達卡的普及率很高，但缺乏特色。花旗銀行（Citibank）和發現者信用卡（Discover）販賣產品、也有行銷管道，可是沒有自己的形象。

未來十年這項產業會有什麼變化？

理財顧問公司的前景最容易預測。除非股市崩盤，否則投資人捨現金、存款、公司退休金制度，選擇個人退休金計畫和基金的趨勢幾乎確定會持續下去。工作愈來愈沒有保障、家庭規模縮小、政府退休金缺乏妥善規畫、人口老化，意謂個人在進行理財規畫時要做更多抉擇。

我們很難預測旅遊相關服務產業的科技進展。高利潤和容易掌握的消費貸款，已吸引許多競爭者加入。美國運通具有些許優勢。如果能在不損及地位的情況下繼續增加客戶，它可以獲得極大利潤。身為一家代表「價值」的企業，科技的進步可能有利無害──若環境變化不定，大家會湧向熟悉舒適的環境。

你喜歡這家公司的管理階層嗎？

高露行事符合巴菲特的投資原則。他以合理價格，賣掉表現不佳、非關鍵性的部門，把資金分配給其他業績出色的部門。高露找出影響公司表現的因素，然後對症下藥，努力改善。雖然非必要，但他仍要求賺錢的部門節省開支。他使公司財務恢復健全，這一點對客戶的印象影響很大。財務問題解決後，他展開購回股票的計畫。

有無替代產品？

　　美國運通處於競爭激烈的市場。它無法像吉列公司那樣壟斷行銷通路，也無法像蓋可保險那樣壓低成本。它的優勢在於客戶族群，尤其是高所得個人、公司行號和旅客。這些客戶比較有錢、消費金額較大、對價格比較不在意，而且比較講究品牌和價值。美國運通未來必須努力滿足這些要求較高的客戶，不過數十年來它都很成功。

財務分析

　　美國運通有多家關係企業，它的財務報表一開始會讓

1993年合併資產負債表（1993年12月31日）

現金與投資	42,620
應收帳款	16,142
放款	14,796
固定資產	1,976
分離資產	8,992
其他	9,606
總資產	94,132
客戶存款	11,131
旅行支票	4,800
保險、年金及投資憑證準備金	26,158
負債	21,050
分離負債	8,992
其他	13,267
股東權益	8,734

單位：百萬美元

人摸不著頭緒。要了解它的獲利，必須先研究資產負債表
（見前頁）。

　　讀者首先要注意的是，這是一份鉅額的資產負債表，
也就是說資產與股東權益相比之下，顯得很龐大。利曼此
時尚未賣掉，不過原因不在資產龐大，而是它已停止營運
而未被列入。美國運通銀行相對上規模較小，卻是大部分
的放款和存款的來源。幾項資產和負債是配對的：保險和
投資憑證準備金與投資資產相對，分離資產和分離負債相
對。爲了練習上的方便，我們可以剔除相對的部分，把資
產負債表簡化如下：

應收帳款	16,142
放款，減去存款	3,665
固定資產	1,976
其他	·9,606
總資產	31,389
旅行支票	4,800
負債，減去現金、投資和準備金	4,588
其他	13,267
股東權益	8,734

單位：百萬美元

　　這種簡式的資產負債表，比較能呈現實際的財務狀
況。

　　利曼公司在1994年5月脫手。由於1993年的會計作
法，售出利曼對大部分的資產和負債沒有影響。不過它確

1993年合併收益表（1993年12月31日）

佣金和手續費收入	7,818
利息和股利	4,914
保費	702
其他	739
總營業額	14,173
經常開支	（6,957）
預付金	（3,107）
利息	（1,783）
利曼	（127）
稅前收益	2,199
淨收益	1,478
每股獲利（美元）	3.17

單位：百萬美元

實帶走了美國運通一部分的保留盈餘，使得股東持股價值減少24億美元，成爲63億美元。美國運通的合併收益表也相當複雜。

除了利曼效應之外，第一資料處理公司股票帶來的4億3,300萬美元稅後盈餘，也使數字膨脹。扣掉利曼和第一資料處理公司的金額，淨收益爲12億美元，每股獲利爲2.51美元。

假如美國運通的資產負債表和銀行一樣有財務槓桿原理，我們應該注意，該公司的營業額很少來自利息（大部分銀行是來自利息）。另外要說明的是，美國運通的利息收入，主要來源是投資多樣而且優良的債券組合（如保險

公司），很少來自有風險的放款（如銀行）。該公司的負債成本很低，無法一下就看出來。854億美元非股東權益的負債，只須支付49億美元的利息和預付金，也就是負債成本只需5.7%。我們從波克夏的發展過程看到低成本的負債和資產的報酬率一樣重要。

資金來源

美國運通的業務大多能帶來現金。資產負債表上的保險和資金管理業務，在收到資金後很長一段時間才需歸還客戶（請參見蓋可保險的說明）。美國運通銀行的存款大於放款。

不過，它有160億美元左右的公司簽帳卡應收帳款，還有20億美元的固定資產需要維持及保持成長。許多分析師認為，已賣出但客戶尚未使用的旅行支票，可視為「浮存金」。

這是很好的盈餘來源，讓美國運通不用成本就獲得48億美元盈餘，況且有些旅行支票可能永遠不會被使用；可是，旅行支票業務現在成長緩慢，無法彌補資產和負債之間的差額。有的存款不用付利息，但銀行的營運大多需要借貸和保留盈餘。

形象是美國運通重要的資金來源，價值和品牌則是形象的表徵。高露解決不利於公司實力的問題，並脫售對其他價值沒有幫助的相關企業。美國運通銀行努力為高所得

> 形象是美國運通重要的資金來源，價值和品牌則是形象的表徵。

個人提供更好的服務，但並不十分成功；而信用卡業務的
資本和股東權益報酬率不錯。在競爭者衆又缺乏品牌忠誠
度的金融服務業，美國運通能成功，是因爲客戶願意付高
價換取該公司的服務。這才是美國運通眞正的資金來源。

股東權益報酬率

美國運通賣掉利曼公司後，其股東權益減爲63億美
元。連續淨收益爲12億美元，不含出售第一資料處理公司
股票的特別獲利。因此，該公司的股東權益報酬率爲
19%。就前面介紹過的相關企業的股東權益報酬率來看，
這樣的股東權益報酬率是合理的（雖然尚未扣除某些經常
費開支）。和協森公司造成虧損前的報酬率比起來，它也
不遑多讓。計算以前的增值報酬率了無意義，因爲各項資
金募集和脫售動作扭曲了財務。基於上一段提到的理由─
保留下來的業務部門通常不需太多資金，或者所需資金和
以往相近──未來的增值報酬率很可能維持在19%或更
高。

美國運通價値多少？

在這個階段，我們對實質價値的問題必須謹愼。雖然
美國運通的主要業務表現良好，但管理階層尚未以財務數
字證明其能力。以往，銀行和保險業在一個景氣周期的平
均股東權益報酬率未能超過10%。美國運通的業績比一般

美國運通能成功，是因爲客戶願意付高價，得到該公司
的服務。這才是美國運通眞正的資金來源。

金融機構好。投資人應對新管理階層抱持合理的懷疑，並
體認美國運通能維持大部分業務的市場占有率，我們可以
預期19%的增值報酬率和股東權益報酬率。根據1993年的
連續淨收益（1994年上半年微幅成長），實質價值可能
為：

$$12億美元（淨收益）\times \frac{19\%（增值報酬率）}{(10\%)^2（折現率）} = 228億美元（實質價值）$$

巴菲特採取的投資策略

　　波克夏買進的3億美元優先股在1994年8月期滿。按照
原先的協議，這些優先股可以轉換為1,220萬股的普通
股，價值最高可達4億1,400萬美元。由於波克夏未得到利
曼公司的股票，所以轉換成1,400萬股的普通股。1994年
第三季美國運通的普通股價格在25.25美元至32美元之間
起伏，因此波克夏的持股價值為3億5,400萬至4億4,800萬
美元。不論如何，波克夏的資本利得相當高，外加可觀的
股利。巴菲特最近透露，他當時很想獲利了結。在一場高
爾夫球聚會中，赫茲公司（Hertz）的總裁歐爾森（Frank
Olson）說服他，美國運通正努力擊敗其他信用卡業者，
而且成功留住一些重要客戶，尤其是公司簽帳卡的客戶。
巴菲特因此決定不賣掉美國運通的普通股，並進一步在接
下來的幾個月再投資11億美元買進普通股。1994年的營運
結果顯示，淨收益增加17%，成為14億美元。以14億美元
為計算基礎，實質價值是266億美元。

　　波克夏後來買進的股票平均價格為30.8美元，也就是美國運通股票總值為157億美元。以1994年的實質價值為計算基礎，波克夏的安全邊際為41%。

後續發展

　　高露和他的經營團隊達成了他們的承諾。由於專心經營保留下來的部門，所以業務重心、每股獲利成長和股東權益報酬率的目標明顯。旅遊相關服務公司的重點是增加持卡人數、品牌忠誠度和平均刷卡金額。和1990年比較，有效卡數增加17%，刷卡總金額則成長87%。在人口趨勢和股市繁榮造成需求增加的大環境中，理財顧問公司的業務蓬勃發展。該公司擁有或管理的資產在七年內成長4倍，獲利則維持每年20%的高成長速度。銀行和旅行支票業務仍然沒有起色。

　　在優異財務表現的背後，美國運通嚴格控制成本，目前每年成本似乎沒有增加，而產品則新增不少，特別是個人和公司簽帳卡的新服務。信用卡占有率終於出現多年來首次的成長，並大舉搶攻威士卡和銀行合作發卡的優勢。

　　1997年美國運通的淨收益是20億美元，每股獲利4.2美元，兩者的成長率分別是13%和16%。美國運通不斷小額買回股票，近幾年手筆較大。股東權益報酬率已從19%至20%增為22%。1997年底，美國運通的股價為89美元，使波克夏原本投資的14億美元增值為44億美元。扣除股利不計，這代表波克夏1994年轉換普通股以來，持有的美國運通股票以每年高達39%的複利增值。

練習題

稍早說過，旅行支票為美國運通提供浮存金。假設美國運通的客戶不放心，想把錢存在規模較大的金融機構，可是，美國運通仍然能從賣出和贖回旅行支票中間的時間落差，獲得相同的利潤。

(1)美國運通在1999年賣掉利曼公司後，股東權益變成63億美元。如果沒有浮存金，股東權益會是多少？

(2)新的股東權益報酬率會是多少？

(3)實質價值是多少？

(4)這樣的結果對1994年的投資決策有何影響？

進一步討論的問題

(5)嚴格說來，失去價值48億美元的浮存金，對公司價值的衝擊應不超過同樣金額。你能想出效應會超過48億美元的原因嗎？

(6)我們原先假設，失去浮存金不會改變美國運通的收益表。在實務上，它為何會影響營業額和成本？

13 可口可樂公司

　　波克夏在1988年、1989年和1994年分別買進可口可樂的普通股，總值12億9,900萬美元。

公司沿革

　　可口可樂公司創立於1892年，販賣潘柏頓博士（Dr. John Pemberton）於1886年發明的含古柯鹼飲料。該公司販賣可樂水給分裝業者和其他經銷商，到1895年共賣出7萬6,244加侖，足以分裝成1,000萬瓶。雖然該公司在1902年取消飲料中的古柯鹼成分，配方中仍含有令人滿足的糖分和咖啡因。

　　由於公司大肆廣告，投入廣告的費用從1900年的8萬5,000美元增至1912年的100萬美元，可口可樂的市場持續擴大。1920年代開始設立海外分公司，1932年被列為道瓊工業指數成分股。可口可樂在第二次世界大戰期間被收歸國有，隨後數十年間，該公司的名稱、標誌和汽水瓶造型成為聞名全球的符號。

　　高伊祖塔（Roberto Goizueta）於1980年就任董事

長。雖然營業額達46億美元，稅後純益有4億美元，可口
可樂的管理和宣傳出現疲態。高伊祖塔和營運總裁凱歐
（Don Keough）展開新的促銷措施，和市場占有率持續增
加的百事可樂競爭。諷刺的是，他們這個經營團隊企畫出
美國史上最失敗的促銷活動。由於市場調查顯示，消費者
比較喜歡百事可樂的口味，可口可樂遂於1985年推出新口
味。新可口可樂在試飲時頗受好評，但正式上市後立刻引
起激烈批評。面對罕見的反對活動，包括4萬封抗議信，
可口可樂立即恢復傳統口味。

可口可樂原本就已經是銷路最廣、知名度最高的品
牌，新口味引起的風波證明一件事──大家都喜歡傳統的
可口可樂。

1988年的可口可樂

巴菲特考慮投資可口可樂公司時，新口味可樂已經被
大眾遺忘。1985年的營業收入小跌，但1986年（成長34％）
和1987年（成長26％）營業額大增。和過去一百年一樣，
該公司的獲利主要來自可樂原汁的銷售。不過，新口味可
樂的失敗，讓巴菲特得以回答三個有關於價值的問題分別
是：

> 由於市場調查顯示，消費者比較喜歡百事可樂的口味，
> 可口可樂遂於1985年推出新口味。新的可口可樂在試飲
> 時頗受好評，但正式上市後立刻引起激烈批評。面對罕
> 見的反對活動，包括4萬封抗議信，可口可樂立即恢復
> 傳統口味。

可口可樂是否為客戶創造價值？

可口可樂公司和消費者之間的關係，其他公司都望塵莫及。雖然顧客買的只是有味道的糖水，喝可口可樂的人在某種程度上會上癮。1987年，美國人平均每人喝掉274罐的可口可樂，而其擁護者，可能每天都喝1罐以上。

管理階層是否為公司創造價值？

高伊祖塔和凱歐這個經營團隊度過新可口可樂的風暴後，繼續拓展軟性飲料的核心業務。其他的業務也和軟性飲料有關，特別是果汁。他們對動用大筆資金非常謹慎，大多用於購買分裝廠商的少數股權。最令人不解的買進行動，是1984年以7億5,000萬美元買下哥倫比亞公司（Columbia）。可口可樂在媒體打很多廣告，除此之外和媒體沒有太大關係。不過，哥倫比亞經營得有聲有色，和三星公司（Tri-Star）換股後，不但轉虧為盈，還能分配股利。可口可樂的管理階層專心經營軟性飲料業務的同時，對手百事可樂則因跨足零食和披薩餐廳業務而逐漸多角化。

公司是否為股東創造價值？

1982年底投資100美元在可口可樂普通股的投資人，如果把股利再投資進去，到1987年底將變成270美元，等於以每年22%的複利增值。1982年之前五年，也就是高伊

1987年，美國人平均每人喝274罐的可口可樂：一般喝可口可樂的人，可能每天都喝1罐以上。

祖塔接手前的報酬率是每年13％。可口可樂管理階層的經
營手法，是把盈餘重新投資於可能獲利的用途。該公司並
於1984年開始購回自己的股票。

> **巴菲特和可口可樂的關係**
> ● 巴菲特和可口可樂的關係，要從他6歲時的第一
> 筆生意說起。當年他和父母外出度假，以25美分買了6
> 罐可口可樂，然後以每罐5美分轉賣給其他度假的人。
> ● 巴菲特喝櫻桃口味的可樂（Cherry Coke）上
> 癮，估計每天要喝5罐。
> ● 他在歐瑪哈曾經與凱歐為鄰。凱歐於1985年讓
> 巴菲特放棄長久喜愛的百事可樂，改喝可口可樂。

重要資訊解讀

　　1998年，可口可樂成為家喻戶曉的產品已超過五十
年。雖然關於可口可樂公司的財務分析和行銷研究俯拾即
是，巴菲特是從該公司的年報取得所有重要資訊。除了常
見的財務統計數字，年報還提供下列資訊：
● 可口可樂是「最先也是一流的」軟性飲料公司，公司95
％的營業收益來自軟性飲料。
● 軟性飲料事業的特色是「成長快速、毛利多、現金流量
大、需要的資本額低，以及高報酬率」。按照巴菲特的看
法，可口可樂一路賺錢；而該公司能在增加盈餘的同時，
從小量再投資獲得大量現金，非常具有投資的吸引力。
● 可口可樂是世界最大的軟性飲料公司。該公司擁有最好

的銷售體系和品牌,而且在155個國家中,大多能以最低的成本生產和分裝。

• 巴菲特後來在文章裡說,除了管理階層絕佳的行銷和財務規畫能力之外,可口可樂最吸引他的地方是,「海外的銷售額呈現爆炸性成長」。

可口可樂軟性飲料銷售額

年度／月份	美國國內	國外	國外市場成長率(%)
1985年12月	1,865	2,677	
1986年12月	2,016	3,629	36
1987年12月	2,120	4,109	13

單位:百萬美元

以下是幾個國家的可口可樂和該公司其他軟性飲料的總消費量(以下數字摘自1988年調整後的年報數字):

國家	平均每人每年消費量(8盎斯罐裝)
美國	277
墨西哥	197
澳洲	155
挪威	161
加拿大	163
德國	143
阿根廷	155
西班牙	103

(表接下頁)

國家	平均每人每年消費量（8盎斯罐裝）
哥倫比亞	107
菲律賓	79
巴西	90
義大利	68
英國	66
南韓	44
日本	47
法國	27
泰國	25
台灣	17
印尼	3
中國	0.3

　　要粗估可口可樂的成長潛力，我們可以進行沙盤推演。美國人口2億5,000萬人，美國以外的全球人口為47億5,000萬人。把地區口味差異、當地競爭激烈和政治環境的障礙等因素列入考量，我們可以合理的假設，美國以外國家的可口可樂公司產品消費量，可以在十年內達到美國的一半。以固定價格計算，1987年41億900萬美元的國際銷售額，會變成201億4,000萬美元：

把地區口味差異、當地競爭激烈和政治環境的障礙等因素列入考量，我們可以合理的假設，美國以外國家的可口可樂公司產品消費量，可以在十年內達到美國的一半。

$$\frac{47億5,000萬人}{2億5,000萬人} \times 21億2,000萬美元（美國軟性飲料銷售額）\times 50\%$$

$$=201億4,000萬美元$$

　　1987年可口可樂公司國外軟性飲料銷售毛利是27%。假設該公司沒有規模經濟，所有成長都來自自有資金，稅前盈餘會是54億3,800萬美元，稅後純益35億3,300萬美元（以當年度該公司稅率計算）。1987年的長期公債殖利率是9%。假如可口可樂能按當時3%的通膨率調高售價，我們可以把稅後盈餘的成長率向下修正爲6%，現值35億3,300萬美元，十年後會變成19億7,300萬美元，約等於1987年淨收益的3倍。

　　沒有人可以這麼精確的預估未來，可是巴菲特閱讀可口可樂的年報時，可能就是這樣盤算。

以下問題測驗你的了解程度

你知道大家爲什麼買該公司產品嗎？

　　可口可樂暢銷，是因爲它滿足無數人的渴望。在一百年的歷史中，可口可樂的製造、分裝、運輸和銷售方法迭有變化，但其業務重心基本上始終如一。可口可樂沒有特殊技術保證未來的成功，甚至專利配方也無法保證未來成功。但任何人都看得出來，它的銷售魅力會持續下去。

未來十年該產業會有什麼變化？

　　由於飲用可口可樂的人數及其消費數量增加，可口可

樂和該公司其他軟性飲料的需求穩定成長。可口可樂曾面
臨健康飲料和罐裝水的挑戰，但因應得宜，健怡可口可樂
就是一例。美國市場的迅速成長，似乎可以預見國際市場
的發展。雖然各地區經濟條件、口味和法規不同，可口可
樂公司已成功在外國銷售六十年。在日益增加的民主化國
家中，象徵自由的美國品牌（例如米老鼠和麥當勞）很可
能持續不輟。

你喜歡這家公司的管理階層嗎？

高伊祖塔和凱歐這個雙人組合將讓可口可樂的行銷和
通路體系更上一層樓。他們很謹慎，只把現金投資在可以
帶來高獲利的用途。如果無法從投資中獲利，他們就以股
利和買回股票的方式，把多餘的現金回饋給股東。他們也
努力使可口可樂成為成本最低的軟性飲料廠商。如果股市
結清，巴菲特可以安享天年。

有沒有替代品？

可口可樂要和其他軟性飲料、非碳酸飲料、罐裝水、
熱飲、白開水競爭，這麼龐大而且多樣的競爭市場，根本
無法衡量。不過，軟性飲料市場本身的成長速度大於其餘
種類的飲料，而可口可樂是國際軟性飲料的龍頭。除了蘇
聯和中國，可口可樂在國際市場的占有率是44％，比最強
的對手高一倍以上。同樣重要的是，可口可樂是世界知名
度最高的品牌，生產（包括分裝）的效率居同業之冠，也
是全世界銷路最廣的消費產品。可口可樂的軟性飲料市場
占有率逐漸增加，而這些因素構成競爭者無法突破的藩

籬。雖然該公司9億美元的淨利對新的競爭者很有吸引
力,但這筆利潤來自每年銷售1,910億罐可樂,而每罐利
潤不到0.5美分。這也使得一般品牌(或「無品牌」)的廠
商無法立足。

財務分析

可口可樂擁有各種有利的條件,其管理階層在1987年
之前的經營績效到底如何?1987年12月31日的年報中,列
出前十一年的財務概況。

	1987年	1986年	1985年	1984年	1983年	1982年	1981年	1980年	1979年	1978年	1977年
營業額	7,558	6,977	5,879	5,442	5,056	4,760	4,836	4,640	3,895	3,423	2,753
毛利	4,025	3,523	2,970	2,704	2,476	2,288	2,161	2,046	1,794	1,569	1,222
營業收益	1,360	1,077	807	849	828	773	720	680	644	602	528
稅前收益	1,410	1,208	992	982	927	873	771	707	691	635	561
淨收益	916	798	678	622	553	494	432	394	386	351	310
發行在外股份	377	387	393	396	408	390	372	372	372	372	369
每股獲利(美元)	2.43	2.06	1.73	1.57	1.36	1.27	1.16	1.06	1.04	0.94	0.84

單位:百萬美元
注:本表不含特殊項目,稅賦也經過調整。

我們可以立刻察覺幾項事實。首先,營業額在十年內
增加2.75倍(每年增加10.6%),但扣除預付金之前的營業
收益只增加2.58倍。基於我們對可口可樂管理團隊的了
解,嚴格控制開支將會是他們努力的重要目標。果然,
1987年之前五年的營業收入成長率,增加為每年12%。每

股獲利可分爲兩個時期：1977年至1982年是8.6％，1982
年至1987年是13.9％。在第一個時期中，可口可樂收購其
他企業，因此發行的股票數量增加；在第二個時期，可口
可樂買回股票，所以發行的股票幾乎減少相同數量。接下
來，我們仔細研究資產負債表。

合併資產負債表

因爲可口可樂在1986年和1985年有兩項重要財務策
略，所以這兩年的資產負債數字曾修正過。第一個策略
是，可口可樂在哥倫比亞媒體公司的投資提前結束。哥倫
比亞和業務形態相似的三星公司合併，大量股票配發給可
口可樂的股東，以當作股利。這個合併案不但讓哥倫比亞
從可口可樂的資產負債表除名，也爲可口可樂股東帶來3
億3,500萬美元的報酬（雖然是以哥倫比亞股票的形式獲
得），而不會留下來造成虧損。其次，可口可樂公司持有
的可口可樂實業公司（美國最大的分裝廠商）股權，也在
1986年減爲49％，從資產負債表上除名。這個動作再度凸
顯可口可樂公司主管希望專心從事最擅長的業務——行
銷，而不是生產。稍後我們將看到這項決策對資金的運用
有正面效應。

經過濃縮，我們可以輕鬆掌握1987年的資產負債表。

這個資產負債表最特別的地方是金額龐大。就年度銷
售額超過70億美元的企業而言，它的現有或長期資產很
少。另外，淨營運資金並不存在。換個角度看，可口可樂
公司能借助供應廠商、遞延稅款或類似的帳目，諸如存貨
和客戶欠款等，以維持所有的營運資產所需。可口可樂公

司不依賴負債，也未動用股東基金。

可口可樂1987年的簡式資產負債表

固定資產	1,598	淨負債（注2）	(1,234)
投資（注1）	2,802	淨營運資金（注3）	（17）
商譽	74	股票權益	3,224

單位：百萬美元

注：1.除了仍握有哥倫比亞49％的股權外，投資標的大多是重要分裝廠商的少
　　　數股權。

　　2.淨負債＝現金＋可買賣證券＋應收票據－負債。

　　3.淨營運資金＝應收帳款＋存貨＋預付款－應付款項－股利－稅款。

合併收益表

　　前面說過，可口可樂公司絕大部分的營業收益來自軟
性飲料。以下列出所有產品在各地區的銷售數字：

不同地區的業績

	美國	拉丁美洲	歐洲和非洲	太平洋和加拿大	總公司	總計
1985年						
營業額	3,147	452	1,241	1,028	11	5,879
營業收益	334	91	294	229	-141	807
1986年						
營業額	3,278	556	1,629	1,502	12	6,977
營業收入	409	141	400	352	-225	1,077
1987年						
營業額	3,459	558	1,710	1,917	15	7,658
營業收入	421	153	508	453	-175	1,360

單位：百萬美元

注：尚未扣除備付金

　　這個表格不但顯示美國本土市場持續成長，也反映近年來外國市場的迅速擴張，尤其是太平洋地區──日本就被視為最大的軟性飲料獲利來源。而國際市場的毛利，是美國本土的2倍以上。

　　回頭看收益表，我們發現利息支出很少──營業收益（不含備付金）和淨利息的比率達18.9倍。股票權益是哥倫比亞公司股權和分裝廠商的少數股權帶來的淨收益。

現金流量

　　我們通常可以把這些報表濃縮成下表：

	1987年	1986年	1985年
淨收益	916	934	678
特別收益	-4	-195	54
折舊與攤提	154	155	133
其他	17	71	-62
營運資金	273	-69	-48
資金費用	-300	-346	-384
淨投資	-564	-526	386
股利	-422	-403	-389
購股淨額	-564	-59	-186
現金	-494	-438	182

單位：百萬美元

　　由於投資淨額的變化不是列入可買賣股票的變動，就是列入購買分裝廠商少數股權的項目，為了方便，我們把「淨投資」項目刪除不計。接著，我們可以從現金流量表看到兩個特點──維持收益快速成長所需的營運資金和固定資金投資不多；管理階層決心儘量以現金回饋股東。所

有自由的現金流量都發放給股東。

股東獲利

　　雖然前兩年的營業收益增加69％，對經營核心業務所需的有形資產的投資很少，包括營運資金和折舊2倍左右的資金費用，收益的成長速度即可證明（資金費用對淨固定資產的比率，接近收入成長率）。 如果營業額沒有成長，股東獲利很可能和帳面盈餘相同甚至更高。我們不必估計兩者的差異，只需要體認其中的含義——不論成長或持平，可口可樂公司都能提供現金報酬。

資金來源

　　可口可樂靠32億美元的股票和7億美元的淨負債，創造77億美元的營業額和9億美元的淨收益。由於淨營運資金很少，以上數字會讓人有錯誤的概念——可口可樂公司借助幾家沒有擁有控制權的分裝廠商、一家電影公司和可樂原汁工廠，獲得突出的報酬。其實，可口可樂擁有一些資產負債表上看不出來的寶貴資產。前面說過，它擁有品牌、銷售體系，生產成本也低。這些因素構成可觀的經濟商譽，這是很難被模仿的。

　　可口可樂的特殊隱藏資產是它和分裝廠商的關係。只有16億美元固定資產和8億美元股票的公司，如何能締造77億美元的營業額？這是因為製造過程中資本最密集的部分——分裝，主要是由第三者負責。可口可樂的管理階層認為，雖然分裝作業很重要，但它不能為股東創造太多價值，因為它是資本密集、競爭者可輕易進入和品牌無關的

業務。當然，這個看法有辯論空間，可口可樂為了降低風險，投資10億美元在分裝廠商「關係企業」上；可是，如果你可以在發展可口可樂品牌和自有分裝工廠之間做一投資選擇，你會選哪一個？在實務上，這可能要取決於分裝合約中雙方的地位，可是經過一段時間後，實力較強的一方顯然是品牌廠商而不是分裝廠商。如果品牌或分裝工廠都能以合理代價擁有，我們應該選擇品牌。（要說明的是，銷售體系的末端，包括商店、餐廳等地點的飲料販賣，所需資本更密集，可口可樂並未投資）。

股東權益報酬率

可口可樂於1984年開始買回股票，到1987年底已花費13億美元。1987年單一年度，買回股票的支出就達6億5,000萬美元，比保留盈餘還多。我們可以把這十年分為兩個五年期。在第一個時期，保留盈餘和發行股票使股票總值不斷增加，20%左右的股東權益報酬率已經不錯，但也只是持平而已；在第二個時期，收入增長速度加快，可口可樂買回股票，股東權益報酬率攀升。（雖然淨負債增加的速度看起來令人憂心，但我們不要忘記，營業收益和淨負債的比率不過是18.9；淨負債只要用一年多的獲利即可清償；假設扣除淨利息之前的獲利是10億1,400萬美元，而股票價值和淨負債的總和是44億5,800萬美元，比率仍高達22.7%；況且，近來增加的負債，大多只是暫時性的，而且和哥倫比亞公司轉手有關）。

可口可樂在1987年之前十年的股東權益報酬率如下：

年度	淨收益 (調整費用後)	股票數量	淨負債（現金）	股東權益	股東權益 報酬率(%)
1978	360	372	(256)	1,740	21.7
1979	391	372	(23)	1,919	21.4
1980	401	372	(22)	2,075	20.1
1981	442	372	(117)	2,271	20.3
1982	488	390	(239)	2,779	19.3
1983	552	408	(39)	2,921	19.4
1984	616	396	495	2,778	21.6
1985	645	393	304	2,979	22.4
1986	786	387	741	3,515	24.2
1987	916	377	1,234	3,224	27.1

單位：百萬美元

可口可樂的價值多少？

我們前面曾根據可口可樂的國際市場成長，估算出令人心動的獲利數字。理性的投資人會把該公司1988年的實質價值估計爲多少？可口可樂既已通過量化的考驗，我們必須考慮最近的財務表現。1987年底，該公司扣除特別支出之前的淨收益只略高於9億美元。巴菲特在夏季開始買進，當時預測1988年每股淨收益成長率至少可能是15％；因爲年度才過了一半，我們假設收益成長率只有7％，全年淨收益9億8,000萬美元。商譽攤提是無形的。前面說過，股東獲利至少會和淨收益一樣──如果營業額不變，資金費用不太可能高於折舊，而營運資金可能有剩餘現金。股東持股的報酬率是27％，並繼續成長。1986年到

1987年的淨收益增加1億3,000萬美元，1988年可能增加相同數目。

另一方面，存在於股東持股的年度保留資金計算困難。買回股票、現金股利、哥倫比亞公司轉手的優先股利的綜合效應，導致1987年的股票價值減少。把優先股利加回去，會使當年度的股票價值沒有變化。這個情形合理，但沒有代表性。前面說過，資金費用可能超出折舊至少2倍，而資金費用是維持成長唯一需要的投資（營運資金自給自足）。淨投資平均每年2億美元。1980年至1986年平均每年股票增值9％，等於總值增加2億9,000萬美元（以1987年收盤價計算）；這個數字已包括其他投資行爲的效益。因此，可口可樂的股東權益報酬率成長約45％（1億3,000萬美元增值收益除以2億9,000萬美元的股票增值權益）。

長期股東權益報酬率45％是否合理？從該公司的歷史、前景和競爭優勢來看，答案是肯定的。按照目前的成長率和保留比率，該公司股票可能在四年內增值45％。不過，基於巴菲特的保守作風，我們推估他買進可口可樂股票時，是假設長期增值幅度至少有27％。該公司的實質價值爲：

$$9億8,000萬（股東收益）\times \frac{27\%的長期股東權益報酬率}{(10\%)^2}$$

$$＝264億6,000萬（實值價值）$$

而1987年底，可口可樂流通在外的股票總數爲3億7,200萬股，折算下來，每股等於71.1美元。

巴菲特探取的投資策略

1983年至1987年的獲利和價值

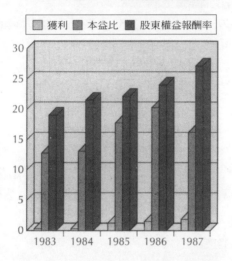

　　1988年夏季，波克夏開始買進可口可樂股票，至當年年底共買進1,417萬2,500股，平均買進價格41.81美元，總價5億9,254萬美元。可口可樂1987年每股獲利2.42美元。1988年前兩季的數據顯示，該年度每股獲利會增加16%，成為2.81美元。因此，巴菲特買進時的本益比為14.9至17.3之間。

　　實際上，1988年是可口可樂另一個豐收的年度。由於國際軟性飲料業務大幅成長，營業額和營業收益分別增加8.9%和17.5%。每股獲利最後實際增加18%，成為2.85美元，扣除特別支出前的每股獲利可能接近2.95美元。因

此，巴菲特最初買進的實際本益比約爲14。可口可樂1988年再度用現金買回股票並發放股利，共買回7億5,900萬美元的股票，所以股東持股的價值減至30億4,500萬美元，股東權益報酬率則飆漲至34.5％。

波克夏1989年以平均每股53.5美元，繼續買進917萬7,500股，總值4億9,100萬美元。根據1989年上半年的表現預測，該年度每股獲利會增加22％，成爲3.49美元。因此，1989年買進的本益比介於15.3至18.1之間。

後續發展

波克夏於1994年再度買進可口可樂股票，平均買進價格166.7美元，總共花費2億7,500萬美元。當年度購買的股票對波克夏已有的40億美元以上可口可樂持股，只是新增的一小部分，但卻是很有意思的一次投資，因爲它是巴菲特到當時爲止，本益比最高的投資之一。爲深入了解情況，讓我們看一看至今爲止的變化。

1987年至1995年資產負債表

	1987年	1995年		1987年	1995年
固定資產	1,598	4,336	淨負債	(1,234)	(1,503)
投資	2,802	2,714	淨營運資金	(17)	(133)
商譽	74	944	其他	0	(966)
			股東權益	3,224	5,392

單位：百萬美元

可口可樂繼續成長。在1987年至1995年期間，營業

額、連續淨收益、連續每股淨收益,分別以平均每年11.3％、15.6％和19.5％的速度成長。哥倫比亞電影公司的持股在1989年賣出,獲得大筆利潤;可口可樂並繼續買進分裝廠商的少數股權。比較1987年和1995年的資產負債表,可以凸顯該公司成長幅度。

正如我們從1987年財務分析中預料的,淨資金費用繼續增加,雖然它的速度略慢於淨收益(每年13.3％)。把哥倫比亞股權脫手和累積的商譽列入計算後,對分裝廠商的投資增加,但和盈餘比較起來仍微不足道。值得注意的是,營運資金和負債在八年期間變化不大。股票價值總共增加22億美元,收益則每年增加20億。

1995年淨收益實際上接近230億美元。收入幾乎完全來自軟性飲料產品的銷售,其中82％來自美國以外的市場,雖然美國本土市場持續成長。該年度年底,可口可樂已買回4億5,900萬股,總值88億美元,平均每股報酬率高達55％。

到1995年底,波克夏以13億美元買進的可口可樂股票,已增值為74億美元。波克夏另已獲得4億美元的現金股利。波克夏目前擁有8％的可口可樂股權。要注意的是,雖然1987年至1995年期間,可口可樂股價上揚7.8倍,每股獲利成長速度可觀但低於股價的成長速度,為4.2倍。在這段期間,該公司本益比幾乎上升一倍。

巴菲特1994年再度買進時,願意根據1993年的獲利情形,破天荒付出本益比24.8倍的股價。可口可樂1994年上半年的表現,應足以讓他相信,該年度的盈餘會成長20％以上,使本益比降至20.7。這樣的本益比,遠高於他習慣

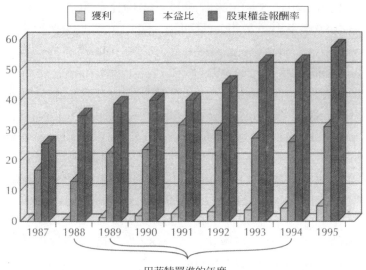

1987年至1995年的獲利與價值

| 獲利 | 本益比 | 股東權益報酬率 |

巴菲特買進的年度

投資於普通股的本益比，也高於他最初投資可口可樂時的15倍本益比。可能的原因有兩個。第一，當時他已了解並欣賞該公司經營情況及其管理階層。我們早先假設，國際市場持續迅速成長、股票相對增加有限，事實果真如此，且該公司成長速度繼續加快。由於股東權益報酬率超過50％，而且可能更上一層樓，20倍的本益比仍然是很好的安全邊際。

計算公式如下：

$$22億美元 \times \frac{50\%（股東權益報酬率）}{（10\%）^2（折現率）} = 1,100億美元$$

22億美元（1993年淨收益）　1,100億美元（平均每股262美元）

可口可樂股票曾數度分割，不過巴菲特付出的股價等於每股167美元。

可口可樂的年報以相當大篇幅介紹，未來的發展會更好。不過，最樂觀的目標達成後的成果，必須以1995年報中的問題和解答來說明：「本公司開發最低的市場在哪裡？是人體。即使一整天沒有進食，人還是可以活下去。可是全球57億人口，每人每天都要攝取64盎斯的液體才能生存。目前我們的供應量連2盎斯都不到。」

到1997年底，可口可樂的淨收益已增至41億美元。波克夏的持股已增值為133億美元，不包括已取得的現金股利。

練習題

如果可口可樂也從事分裝和銷售，對價值有何影響？

(1)以1985年至1987年為練習題材。假設從事分裝和銷售的新業務需要和原先相同數量的股東權益，但獲利率只有10％。根據原先的收益成長率，重新計算股東權益報酬率。

(2)估算實質價值。

(3)這種情形對你在1988年投資的決策有何影響？你可能在什麼價位買進？

進一步討論的問題

(4)如果營業收益和股票繼續以原先的平均年增率成長，對股東權益報酬率／增值報酬率有何影響？

(5)如果收益成長率因分裝業務獲利率較低而降低，股東權益報酬率／增值報酬率會有何變化？

14 蓋可保險公司

　　波克夏分別在1976、1979和1980年買進蓋可公司的普通股和可轉換優先股，擁有33.3％股權，持股總值4,710萬美元。蓋可在1976年起的二十年間，不斷買回自己的股票，使波克夏的股權達51％。1996年初，波克夏以23億美元收購蓋可其餘49％股權。

公司沿革

　　蓋可是公務員保險公司（Government Employees Insurance Company, GEICO）的簡稱，它的主要業務是承保低風險族群的汽車險，例如公務員、軍人和老人的汽車險。蓋可是在1936年由德州的保險會計師古溫（Leo Goodwin）創辦，資本額10萬美元。1937年，古溫和妻子搬到首府華盛頓，以便接近業務對象。蓋可從成立開始就具備兩個競爭優勢。他們的業務只鎖定較安全的駕駛人，因此能從客戶區分較不嚴格的同業，搶到承保風險較低的客戶。另外，他們採直銷方式，透過廣告信函來拉保險。壽險公司幾乎都靠業務員拉保險，使成本大幅上升。到了

1945年，蓋可的年保費收入約150萬美元。

1948年，蓋可過半數的股權賣給葛拉漢公司，葛拉漢成為蓋可董事長。該公司繼續在美國各地招攬低風險客戶，1950和1960年代期間盈餘持續增加，把成本低帶來的好處以低保費回饋顧客。

1970年代初期，在新主管領導下，蓋可開始承保風險較高的駕駛人和汽車險以外的客戶。公司收入和支出因而迅速增加。可惜的是，蓋可主管對風險較高的保單，責任準備金提撥不足。當時通膨嚴重，導致汽車和房屋修復的理賠費用上揚。1975年底的稽核報告指出，蓋可急需至少5,000萬美元，才不會破產。該公司股價從原本60美元跌到40美元，倒閉的可能性更使它一落千丈到2美元。蓋可的總裁去職，保險業主管機關有意讓它關門。

巴菲特和蓋可的關係

巴菲特和蓋可的密切關係，源自他對葛拉漢的崇拜。他20歲在葛拉漢門下受教時，發現葛拉漢是蓋可的董事長。他曾在1951年某個星期六，沒有預約就自行前往位於華府的蓋可總公司參訪。當天蓋可沒有上班，但是那天唯一加班的人讓巴菲特進入，還花好幾小時解說蓋可長期的競爭優勢。那個人就是戴維森（Lorimer Davidson），他後來在1960年代當上總裁。巴菲特1951年買了1萬美元的蓋可股票，但隔年增值一半後脫手。

1976年的蓋可

1976年的蓋可慘不忍睹。該公司1975年宣布虧損1億2,600萬美元，1976年虧損再增加2,600萬美元。蓋可邁向東山再起的一大步是從旅行家（Travelers）聘用四十三歲的柏恩（Jack Byrne）擔任最高執行長，柏恩是個強硬派的人物。

當時有兩個州禁止調高保費，柏恩便停止這兩州的業務；另外，他擬定新的保險費率、裁員五成，並關閉一些地區辦事處。較高的保費和其他問題，導致保單大量流失，1977年底的有效保單從270萬張銳減至150萬張。這一年是轉折點，但我們還是要考慮三個有關價值的問題。

公司是否為顧客創造價值？

巴菲特知道，蓋可一敗塗地的背後，仍擁有可觀的客戶資源。正如美國運通於1960年代的沙拉油弊案，公司決策造成的大問題，並不會影響忠實客戶的觀感。雖然蓋可的客戶流失將近一半，這些客戶大多是蓋可主動放棄的，像是位於不准調高保費的州以及風險較高的客戶。對於靠通訊投保、風險較低的駕駛人，蓋可仍提供較便宜的保費和完善服務。蓋可擁有很高的保單續保率和良好口碑，如果業務穩定，口碑很可能再度廣爲傳播。最重要的是，蓋可保住低成本汽車險公司的地位。1930年代依賴經紀人和業務員拉客戶的保險公司，此時還是依賴這樣的行銷管道。雖然直銷的成本顯然較低，但其他保險業者不願意引起原有行銷通路的反彈。現有保險業者可以從事直銷，卻

沒有這麼做，因爲它們的管理制度化，以傳統方式競爭。
此外，拜規模經濟之賜，蓋可的成本優勢逐漸加大。

管理階層是否為公司創造價值？

原有的管理階層並未替公司創造價值，而新任執行長
柏恩尚未經過考驗。巴菲特和柏恩見面，和他談了幾個小
時，再決定是否投資。巴菲特懷疑蓋可低成本的結構仍然
存在，此事獲得証實。如果蓋可能夠募集資金並化解主管
機關的疑慮，或許能東山再起。巴菲特也對柏恩留下深刻
印象。柏恩是保險專業人員，已經展開改造公司所需的措
施。他放棄毫無利潤的保單和業務，同時精簡人事，專注
於可以賺錢的業務。他知道問題所在，並有魄力執行對
策。

公司是否為股東創造價值？

蓋可當時已差點關門大吉，也讓有些股東虧損到一文
不名，但就像1960年代的美國運通和1980年代的富國銀
行，如果巴菲特了解企業的實際情況，他會對力求反敗爲
勝的企業運用自己的投資標準。吉列、可口可樂和迪士尼
公司一直能達成不錯的營業利潤，雖然它們的股價時有起
伏。而蓋可是瀕臨破產的企業。

資訊來源

對於巴菲特1976年的首次投資，1975年的財務資訊當
然不夠參考之用。那一年蓋可虧損，接近倒閉邊緣。保
險、租賃、銀行和石油、瓦斯等產業需要專業知識，因爲

建立資產的真實價值所需的時間很長，尤其保險業的債務
會持續很久。保險公司每年必須估計那一年新增保單可能
產生的理賠金額，並根據經驗重新估算前一年的理賠支
出。保險業的投資人比其他產業的投資人，更容易受內行
人影響。有的保險公司，特別是由精算師管理的公司，在
會計作業上非常保守，因此能提供絕佳的投資機會。但蓋
可的情形不是這樣。前面的第二章對保險業有比較詳細的
解釋。我們可以說，保險在1976年已成爲波克夏最大的業
務，巴菲特對保險業有深入了解。巴菲特用兩個公式判斷
一家保險公司是否值得投資。首先是綜合成本率（combi-
ned ratio）：

$$綜合成本率 = \frac{（虧損＋費用的預估金額）\times 100}{保費收入}$$

　　由於保險業者靠浮存金——保費收入到理賠支出之前
的資金，再加上公司本身的資金——獲利，它們通常願意
容忍綜合成本率超過100，也就是承保虧損。蓋可過去的
平均綜合成本率低於100，因爲它的成本低，承保有盈
餘。1970年代初期，以一般支出對保費收入的比率而言，
普通保險業者是蓋可的兩倍。巴菲特的第二個公式是比較
承保成本或獲利和浮存金：

保險獲利=承保成本＋（浮存金×折現率）

　　即使是單純的保險公司，也有三種業務。承保業務會

帶來盈餘或虧損，而以綜合成本率呈現。如果承保造成虧損，保險公司仍可從浮存金的投資成果獲得補償。保險獲利的公式顯示，如果浮存金只以假想的折現率增值──巴菲特採用長期國庫債券的利率──獲利將會有多少。第三種業務是投資。善於投資的經理人，表現會超過折現率：

投資獲利＝達成的報酬率×浮存金

　　當時，蓋可並沒有特別的投資優勢。不過，它過去的綜合成本率和保險獲利表現非常具有吸引力。為了保持價格優勢，蓋可以低保費回饋客戶。雖然該公司保持並擴大成本較低的競爭優勢，仍然能達成低於97的綜合成本率。蓋可的保費較低，可是保費收入仍有5億7,500萬美元，另有6億左右的投資。

以下問題測驗你的了解程度

你知道大家為什麼買這家公司的產品嗎？

　　美國法律規定，車主必須投保汽車險，而駕駛人的數目比以往更多。蓋可善於尋找低風險的客戶族群，而這些客戶的續保率很高。

未來十年該產業會有什麼變化？

　　這項產業很保守。除了資料儲存的科技小有變化外，保險業數十年來沒有太大變化。再者，保險業因受到政府嚴格規範，很少人預測它會有重大轉變。

你喜歡這家公司的管理階層嗎？

　　我們順從巴菲特對柏恩的評斷。前面說過，他相信柏恩已經對問題的解決方法胸有成竹。在保險業，自律是一項很重要的管理能力。承保和投資類似；沒有人逼你冒特定的風險。大部分的保險公司不會在不同時期，大幅改變對承保風險程度的傾向。現實生活中的情況不斷改變。陪審團會增加車禍賠償金額，經濟可能進入不景氣循環週期；大部分的保險業者嘗試掌握景氣循環。而且，就像銀行業者一樣，保險業者有一窩蜂現象。如果某個市場利潤很好，每家保險公司都會搶進，直到價格因競爭而下跌。已經進入那個市場的業者會繼續以原有費率承保，等待業績改善。優秀的保險公司主管，會只承保有利潤的投保案，假如保費下跌，會縮減產能。巴菲特認定柏恩很果斷，而且能為股東、員工和客戶設想。

有無替代產品？

　　保險業競爭激烈。長期而言，業者能夠區隔服務或產品的程度有限。巴菲特1977年在文章裡談論自己公司的保險業務，他說價格是透明的，品牌、過去的表現或政府的保護都無法提供保障。他強調，保險公司是否成功要看管理階層。巴菲特一直以兩個項目考核他的公司的保險業務主管——核保的嚴謹程度，以及達成的綜合成本率。至於投資部分，巴菲特和曼格親自操盤。蓋可的承保對象標準過於鬆散，但巴菲特相信柏恩會恢復往日水準。蓋可具備成本較低的優勢，同業模仿不易。分析師一直想不通，其他保險公司為何讓蓋可保有成本優勢。新的業者可以進入

市場，但實際進入的不多。一般保險公司依賴業務員和經紀人拉生意，他們只注意傳統的競爭者，因而看不到蓋可不凸顯的優勢。蓋可1975年已躋身前二十大保險公司。

第五章介紹過產品區隔帶來的競爭優勢難以持久的行業，像是零售業和銀行業，巴菲特喜歡投資成本最低的業者。他把成本優勢想像為企業的護城河。蓋可已經挖出護城河，並且運用實力，把護城河加寬加深。該公司的成本優勢，未受其他因素造成的虧損嚴重破壞。護城河仍有防護的功效。

財務分析

投資在努力轉敗為勝的企業，必須對該項產業有深入了解、信任企業的管理階層、掌握該企業體質健全的證據，也需要勇氣。蓋可在1976年之前幾年的財務分析並不

1976年的資產負債表

保費收入	575.4
淨投資收益	38.1
總收入	613.5
總獲利和費用	639.9
營業獲利	（26.4）
投資利得	0.1
淨收益	（26.3）

單位：百萬美元

注：1.投資利得是指投資產生的資本利得，而且和波克夏一樣，蓋可有定期但數目無法預測的投資利得。蓋可持有的股票或證券大多有期限；這個來源的獲利可能一直不大。

　　2.由於本年度虧損，不必繳稅。

理想。如果蓋可重新獲得資金並加以嚴格管理，我們只能約略建構出來當時剩餘的資產和負債能創造什麼成果。

　　由於有一次付清的成本，不斷進行節省成本的措施，加上當時和以前的準備金計算錯誤，1975至1976年的財務情況不佳。在1976年的資產負債表中，資產超過9億美元，包括6億美元的投資。保費收入為5億7,500萬美元，虧損2,600萬美元。

資金來源

　　和波克夏其他許多投資標的一樣，蓋可擁有成本低廉的資金來源，那就是浮存金。波克夏知道這一點，因為1967年它買下全國保險後，享受過便宜甚或免費的浮存金的好處。如果蓋可能夠恢復長久以來低於100的綜合成本率，它的浮存金等於零成本。承保的獲利則是錦上添花。

股東權益報酬率

　　假如承保有獲利，重整後的蓋可能賺多少錢？巴菲特必須假設，投保人數會進一步減少。可是他也知道，柏恩提高保費的做法，會使每張保單的收入增加。巴菲特可能已經知道蓋可1976年大約的保費收入。但他只能估計保費會減少多少。我們可以假設，投保人數減少三分之一，從200萬人變成133萬人，保費收入則因為漲價的關係，從3億8,300萬美元變成4億2,000萬美元。客戶減少，最後會使

> 和波克夏其他許多投資標的一樣，蓋可擁有成本低廉的資金來源，那就是浮存金。

浮存金從6億美元減至4億3,800萬美元。

巴菲特可以只靠這些資訊，就推算出盈餘。按照往常97左右的綜合成本率，4億2,000萬的保費收入可以產生1,300萬的承保獲利。1976年底，長期國庫債券殖利率是8％，所以4億3,800萬的浮存金至少可以帶來3,500萬獲利，如此稅前總獲利有4,800萬。雖然蓋可出現稅前虧損，巴菲特對長期的股東權益報酬率深感興趣。保險業的營利事業所得稅很複雜，不過像蓋可這樣規模的保險公司，稅率可能是25％，因此它的淨收益剩3,600萬美元。

1975年底，蓋可有1,800萬股普通股，帳面價值約5,400萬美元，長期債務有4,800萬美元。蓋可希望籌募7,600萬美元以避免破產，但一些投資銀行認為它無法起死回生而拒絕融資。

蓋可的價值多少？

許多銀行業者、投資人以及主管機關認為蓋可毫無價值。經由幾個大膽假設，我們可以估算出它的價值。如果能夠獲得7,600萬美元新資金，並防止虧損擴大、保住營業執照、恢復投保人數規模，我們估計蓋可的稅後盈餘會有3,600萬美元。新的資金大約可以抵銷現有債務的成本。蓋可新的帳面價值將有1億3,000萬美元（原有的5,400萬加新增的7,600萬資本）。蓋可新的股東權益報酬率會是：

$$\frac{36（淨收益）}{130（股東權益）} = 28\%$$

　　這是一個扭曲的數字，因爲巨額虧損會拉高某一年的股東權益報酬率（請參考第十章）。由於資料不足，我們無法計算增值報酬率。其實，計算保險公司的增值報酬率並不適當。假設蓋可的保費收入每年增加5％，也就是說第一年增加2,100萬美元，按照假設的綜合成本率，增加的承保獲利會有63萬美元。如果浮存金以同比率增加，蓋可會擁有2,190萬的新增現金；假設報酬率爲8％，這筆錢會使投資收入增加175萬。稅後收益將增加179萬。蓋可將不必保留任何收入，因爲增加的浮存金足以維持任何資金需求。大致結論是，綜合成本率一直低於100的保險公司，可以獲得現金盈餘，而除了法律規定外，它們不需要投入新的資金。第二章介紹過，這就是波克夏喜歡投資於保險業的原因。

　　雖然無法適當計算股東權益報酬率或增值報酬率，我們仍可以估計蓋可的實質價值。由於我們假設蓋可會持續創造承保獲利，而它的浮存金根本不需成本。把年度投資獲利扣除25％的所得稅，意謂4億3,800萬美元的浮存金，等於3億2,900萬的股東權益。1,300萬的承保獲利課稅後還有1,000萬。以10倍計算，承保獲利會變成1億，使股東權益增爲4億2,900萬。以傳統本益比方式計算，這個數字不到估計獲利的12倍；當時許多保險公司的股票都以這種比率交易。

　　因爲無法估計增值報酬率或股東權益報酬率，我們不能把本益比訂得高一點。保險業容易取得現金，加上該行業投資範圍廣，顯示這個數字只是保守估計。

巴菲特採取的投資策略

巴菲特在蓋可增資前就買進第一批股票。他和柏恩會談後，立刻下單買50萬股。波克夏1976年共買進130萬股，總價410萬美元，等於每股3.18美元。以這個價位計算，蓋可的公司價值和安全邊際是：

3.18×1,800萬股＝5,720萬公司成本

因為蓋可尚未獲得7,600萬美元增資，所以：

$$安全邊際 = \frac{（4億2,900萬-7,600萬-5,700萬）}{（4億2,900萬-7,600萬）} = 84\%$$

投資在重整的企業的高風險，顯然被極大的安全邊際抵銷。不過，巴菲特和曼格曾經放棄數以百計類似的投資機會。我相信，他們除了安全邊際，也注意企業的管理階層素質和競爭優勢。在波克夏提供部分資金的安排下，所羅門公司融資7,600萬美元給蓋可，這筆錢用來發行780萬股可轉換優先股，每股9.8美元。這些優先股可獲得0.74美元（7.5％）的股利，而且隨時可以轉換為兩倍的普通股，所以每股等於4.9美元。蓋可增資後，有3,400萬普通股，每股4.9美元。新的安全邊際是：

4.9×3,400萬股＝1億6,700萬公司成本

$$安全邊際 = \frac{（4億2,900萬-1億6,700萬）}{（4億2900萬）} = 61\%$$

在安全邊際較小，但資金較充裕、營運較安全的情況下，波克夏以每股1,940萬美元買進約200萬股。波克夏此時擁有蓋可25%的優先股和16%的普通股。

1979年和1980年的蓋可

這個時期的蓋可看起來健全許多。柏恩繼續採取重質不重量的政策；公司90%的業務來自以往的低風險汽車保險，而90%的客戶每年續約。

1977年保費收入從5億7,500萬美元再跌至4億6,300萬後，1978年大幅回升到6億500萬。1977年和1978年間的有效保單數目略為減少，但保費調高幅度頗大。當時的綜合成本率如下：

	1978年	1977年	1976年
虧損率	80.8	84.4	98.2
費用率	14.9	14.8	12.4
綜合成本率	95.7	99.2	110.6

單位：%

1976年和1977年費用率大增，幾乎可以完全歸因於保費收入減少。

眞正值得注意的是虧損率下降。另外，浮存金已超過10億美元。蓋可的浮存金在兩年內增加三分之二，因為它的保費收入不減，而且有保留盈餘。投資收入也因此增為6,400萬美元。因為前一年度有虧損，蓋可不必繳稅，但假設要繳稅的話，蓋可的財務情況會是：

	1978年	1977年	1976年
保費收入	605	464	575
淨投資收益	63	41	38
其他	2	1	-
成本（含稅款）	（608）	（467）	（640）
淨收益	62	38	（26）

單位：百萬美元

注：各類投資產生的資本利得和虧損未列入計算。

　　一如預料，1976年出現小幅虧損，不過仍在資金調度範圍內。雖然保費收入減少，調高保費帶來的浮存金和投資收入增加幅度，以及低於預期的支出，彌補了保費短缺而且還有餘額。1978年的承保獲利可說是錦上添花，盈餘更成長50％。

　　1978年結束時，股東權益為2億2,300萬美元，股東權益報酬率達28％。我們沒有理由認為股東權益報酬率會下降，因為收益的成長可以靠增加的浮存金維持，不必依賴保留盈餘。法律規定保險業要保留盈餘，可是蓋可尚未達到標準。以28％的股東權益報酬率計算實質價值：

$$\frac{28\%}{(10\%)^2} \times 6,200萬 = 17億$$

　　波克夏於1979年把優先股轉換為普通股，另外再花480萬美元買進46萬2,000股普通股，等於每股10.3美元。當時蓋可共有3,400萬股，波克夏再投資的480萬美元，使

安全邊際成為：

10.3×3,400萬股＝3億5,000萬

$$安全邊際 = \frac{17億-3億5,000萬}{17億} = 79\%$$

　　雖然波克夏1976年初次買進後，蓋可的股價已經上漲一倍以上，突出的獲利表現和穩定的資金，讓巴菲特安心的認為安全邊際會再度出現。當時市場可接受的本益比只有5到6倍。讀者或許會認為，波克夏的首次投資主要是依賴對柏恩的了解，很難模仿。可是上面79％的安全邊際顯示，蓋可增資並起死回生後，你也可以獲得和增資以前一樣的安全邊際。

　　1979年各項目的表現不一。保費收入增加5％，成為6億3,500萬美元，虧損率降低將近2點，成為79.1％。蓋可在郵寄行銷和其他主要開支的花費增加，這或許是因為它想改善成長緩慢的情形。扣除稅款後，淨收益略減為6,000萬。如果不是因為利息支出從1978年的420萬驟增至1979年的1,020萬，淨收益會隨保費收入增加。1979年初，蓋可開始買回普通股和優先股。該公司利用新的信譽，發行總價7,330萬、利率11％的公司債。蓋可用發行公司債得到的現金，買回2,090萬的優先股和5,000萬的普通股。1979年底，蓋可只有2,520萬股普通股流通在外，約下降26％。扣除投資盈虧和稅款，每股獲利成長23％，成為2.14美元。即使扣除保留盈餘，股東權益也從2億

2,300萬減少為1億9,300萬。股東權益報酬率從28％上升為31％，等於1979年股票平均增值29％。

因為獲利微幅減少、股東權益報酬率上升，我們可以假設實質價值不會比前一年度增加很多。真正讓巴菲特和曼格印象深刻的是，柏恩認為蓋可的多餘資金，最佳運用方式是拿來買回自己的股票。蓋可的多餘資金還有什麼用途？該公司的營運資金自給自足。它可以持有更多的浮存金，從中獲得10％到11％的稅前報酬率。或者，它可以10到15的本益比買下其他企業，獲得6％到10％的報酬率。因買回自己的股票，蓋可投資的是它最熟悉的企業，而它自信投資會增值，而且在本益比低於6倍的情況下，初期投資報酬率超過16％。

蓋可的業績果然改善，再加上該公司採取有利於股東的買回股票作法，促使波克夏1980年進一步投資1,890萬美元，以每股12.8美元買進147萬股普通股。蓋可1980年的市值和安全邊際為：

12.8×2,520萬股普通股＝3億2,300萬的公司價值

$$安全邊際＝\frac{（17億－3億2,300萬）}{17億}＝81\%$$

蓋可1980年繼續買回股票後，波克夏那一年年底的持股變成33％。波克夏總共已投資4,710萬美元於蓋可，獲利已超過一倍，不包括股利。巴菲特在1980年的年報中指出，波克夏投資在蓋可的4,710萬，換來2,000萬的盈利能

力（蓋可淨收益的三分之一）。要從前景看好的企業獲得
2,000萬的盈利能力，你可能要投資2億。

1996年的蓋可

蓋可堅守核心業務之外，也開始從事消費金融、再保
險和其他次要業務，但主要業務還是汽車險。1995年的保
費收入有27億8,700萬美元，等於從1979年起以9.1％的複
利成長。蓋可目前是美國第七大汽車險公司，也仍然是最
好的保險公司之一。1995年的綜合成本率為96.7，1980年
代和1990年代都在97上下。

蓋可現在有30億美元的浮存金，如果把股東權益計算
在內，總投資達50億美元。該公司最大的轉變，或許是運
用現金投資的方式。和1970年代許多保險公司一樣，蓋可
持有大量中、長期債券。這樣的債券受通膨影響很大，而
利率在十年內上升1倍，導致很多債券的投資組合虧損。
雖然持有債券直到到期日也許能打平虧損，但蓋可為了支
付投保客戶的解約金，必須把債券脫手，因而出現實際虧
損。

中長期債券投資組合的最佳表現，是保持實質價值。
蓋可有更好的運用方式。如果能持續讓綜合成本率低於
100，蓋可將能夠長期保留一部分浮存金，用於價值投
資。

巴菲特亟盼蓋可的管理階層採取葛拉漢的投資法，他

蓋可堅守核心業務之外，也開始從事消費金融、再保險
和其他次要業務，但主要業務還是汽車險。

協助柏恩在1979年聘用新的投資主管辛浦森（Lou Simp-son），隨即開始傳授價值投資法給辛浦森和蓋可的其他主管。他的主旨是：如何靠投資5角賺得1塊錢。辛浦森抓到訣竅。爲了法律規定和實際需要，蓋可的投資組合大半是定期證券，可是投資期限大幅縮短──1980年，59％的證券是超過十年才到期；到了1995年，比例降到8％。巴菲特把辛浦森稱爲保險業最傑出的投資家。他已經把辛浦森選爲接替他操作波克夏的股票投資的人選。

1995年蓋可價值多少？

蓋可在1995年的承保獲利爲9,200萬美元。該公司逐漸結束一些次要業務，特別是房屋保險。和以往一樣，蓋可專心經營核心業務的表現最好。因此，蓋可的房屋險業績雖然比同業好，仍不如汽車險。1995年的淨投資收益爲2億2,700萬美元。

扣除3,400萬美元的利息支出和稅賦，但尚未加上投資利得，蓋可的淨收入爲2億3,500萬美元。該公司有50億美元的投資和10億美元的其他資產，負債有40億美元，主要是保險責任準備金和一些負債。股東權益爲19億美元，不過這個數字因爲尚未結清的巨額投資利得而在1995年被拉高。實際的股東權益接近15億美元。股東權益報酬率只有16％，雖然已經不錯，可是不符我們的期望，至於原因則和第二章所述波克夏的價值的情形相同。由於投資組合中的許多比例是低報酬的債券，投資所得看起來不多。同樣的，股東權益只反映股利收益。正如波克夏，投資標的帶來的保留盈餘並未列爲收益，雖然它們最後會以資本利

得的項目列入計算。投資產生的獲利定期出現，可是很難
估計金額。

我們可以另一種方式計算蓋可的價值。該公司的承保
獲利為9,200萬美元，假設稅後剩6,900萬。再假設這項獲
利的價值是原金額的15倍，也就是10億3,500萬。因為蓋
可的綜合成本率一直低於100，它的投資資金，包括浮存
金，不需任何成本。50億美元的投資可以用很多方法計算
其價值，但我們可以說它就價值50億（雖然它會受稅賦影
響）。我們可以猜測蓋可的實質價值是60億美元。我們也
可以估算股東權益報酬率。如果50億全部以10%的折現率
進行投資，淨投資收益會是：

〔（50億×10%）投資收入＋9,200萬承保獲利〕×75%稅率
＝4億4,400萬

$$股東權益報酬率 = \frac{4億4,400萬}{15億} = 30\%$$

$$實質價值 = \frac{30\%}{(10\%)^2} \times 4億4400萬 = 133億$$

對於淨值大半存在可變現投資的企業來說，這個數字
似乎很高——60億的預估值必定會比較合理嗎？我們應該
記住計算股東權益報酬率時的教訓。把各項目加起來，蓋

可的價值可能是60億，可是它把保留盈餘和浮存金再投資於本業的能力，競爭對手仍然望塵莫及。蓋可如果能繼續以每年10％的速度成長，將可獲得更多的盈餘和浮存金。

$$安全邊際 = \frac{133億 - 46億}{133億} = 65\%$$

133億的實質價值並不誇張。蓋可不斷買回自己的股票，直到1996年波克夏的持股超過50％。波克夏在1996年初以23億美元買下蓋可其餘半數股權。

　　由於波克夏付出的價格低於50億投資組合的價值，我想這個收購行動會讓葛拉漢露出滿意的笑容。

練習題

　　(1)低於100的綜合成本率對於保險業者為何有利？請列出三個原因。

進一步討論的問題

　　(2)國際網際網路會如何改變蓋可的競爭環境？

　　(3)蓋可可能面臨的最壞情況是什麼？

15 吉列公司

波克夏於1989年買進吉列公司6億美元的可轉換優先股，並於1991年轉換爲普通股。

公司沿革

吉列公司是由吉列（King C. Gillette）獨力創辦的。他原本是非刮鬍子用品的推銷員，一直在尋找可以致富的消費產品。1895年，他發明拋棄式刮鬍刀片，接著在1901年靠朋友的資金成立美國安全刮鬍刀公司（American Safety Razor Company），並於1903年推出第一項產品。美國安全刮鬍刀一炮而紅，1904年賣出近10萬組，1905年成立倫敦分公司。

1950年代該公司改名爲吉列，雖然創辦人吉列早已賣出持股。那時吉列已是美國刮鬍刀的第一品牌，其聲譽來自優良的產品和大手筆廣告。1950年代至1980年代，吉列不斷投資於刮鬍刀業務，藉產品研發擊敗競爭者，同時把產品擴展到刮鬍泡沫、百靈（Braun）電鬍刀等相關用品，此外還收購其他消費產品業者，例如威迪文（Waterman）和比百美（Papermate）等書寫用品廠商。

1989年的吉列

　　吉列出色的產品和行銷，使市場占有率和獲利上升，本業的業績突出。而在華爾街，該公司多年的穩定成長和保守的財務，始終被視爲值得購併的對象，一些財團想要買下吉列，該公司以大舉融資買回股票作爲因應。利息償付比率在兩年內由8倍降至4倍以下。

公司是否為顧客創造價值？

　　吉列1988年的營業項目如下：

產品	營業額	獲利
刮鬍刀和刮鬍刀片	32	61
清潔和美容保養產品	28	14
文具	11	9
百靈	23	13
歐樂B	6	3

單位：%

　　吉列是世界最大的書寫筆製造廠商（生產鋼筆、原子筆、簽字筆和立可白修正液），在幾個重要的國際市場也是清潔和美容保養產品，以及牙刷的主要廠商。吉列停止經營不相關的石油、瓦斯業務。百靈雖然也行銷幾項小家電，它的主力產品還是電鬍刀。吉列的清潔和美容保養產品包括體香劑、美髮和護膚產品，以及刮鬍膏和鬍後水。

因此，吉列的主要獲利來源仍然是刮鬍子用品。

　　吉列1920年代成為全球刮鬍刀的領導品牌，此後數十年一直保持霸主地位，消費產品類的廠商很少有這樣的成績。

　　消費者喜歡順暢的刮鬍感覺，除非有明顯的好處，否則不願意更換品牌。吉列不斷改良刀片，避免消費者更換品牌。購買刮鬍刀主體所需的「小額投資」，也是阻止消費者更換品牌的重要因素。

管理階層是否為公司創造價值？

　　莫克勒（Colman Mockler）和他的經營團隊於1976年開始管理吉列。結束石油、瓦斯等旁枝業務後，他們鎖定三個經營重點。首先，藉由推出消費者取向的產品，保持領先同業；其次，加強國際市場的行銷和占有率；第三，繼續嚴格控制營運資金、資本支出和一般開支。我們稍後會介紹，莫克勒團隊三個目標都達成。巴菲特後來說，莫克勒除了傑出的管理能力，也兼具操守、勇氣與謙虛。

公司是否為股東創造價值？

　　1978年投資100美元在吉列的股票，十年後會成為828美元，等於每年增值24%，也可以說是以大盤指數2倍的複利速度增值。

　　1970年代，吉列的獲利和股票數量小幅成長，因而盈餘表現平平。隨著該公司積極買回股票，有兩年的獲利成長速度加快，每股獲利的成長速度更快。

重要資訊解讀

　　吉列這家公司不需多加介紹。它擁有吉列、廣角活動刀頭刮鬍刀（Atra）、雙層刮鬍刀（TracII）和百靈等刮鬍刀領導品牌，在國際間也是主要品牌；巴菲特常說，刮鬍刀這項產業和吉列的情況很容易了解。男人和女人都需要刮鬍子或體毛；他們喜歡使用品質最好、價格合理的產品；開發中國家的民眾也一樣……，這就是吉列暢銷的原因。

　　有人把吉列比做可口可樂、箭牌口香糖公司，可是身為長期領先的消費產品廠商，吉列相當不同。這三家公司都依賴廣告宣傳和優異的行銷，不過可口可樂和箭牌的產品，基本上和五十年前一樣。但是，如果吉列沒有每隔十年左右就徹底更換產品系列，它早就被淘汰了。

　　1988年的年報證實吉列管理團隊完成前面提到的三個目標。雙刃活動刀頭和拋棄式刮鬍刀問世時，吉列的產品革新達到高峰。拋棄式刮鬍刀是在1970年代由百利（Bic）率先推出，雖然毛利不如傳統刮鬍刀組，吉列察覺必須占領這個市場，且很快成為拋棄式刮鬍刀市場的霸主。

　　和美國運通、可口可樂、麥當勞等波克夏投資的企業一樣，吉列是領導美國本土市場，並開始在國際市場名列前茅。該公司在美國的營業額四年內增加29%，國外營業額和獲利則成長77%。另外，整體毛利雖然維持在58%，

> 如果吉列沒有每隔十年左右就徹底更換產品系列，它早就被淘汰了。

營業毛利從15%上升到17%。在那四年，由於營業額成
長、毛利提高、買回股票，每股獲利增加一倍。

以下問題測驗你的了解程度

你知道大家為什麼買這家公司的產品嗎？

*「每天就寢時，想到第二天早上全世界有25億男性必須
刮鬍子，真讓人高興。」*

——巴菲特《富比士》，*1993年*

　　消費者購買吉列的刮鬍刀和刀片刮鬍子以及體毛。人
類不是從盤古就開始每天刮鬍子，但隨著個人衛生和清潔
觀念的進步，大部分男性從20世紀開始每天刮鬍子。吉列
的其他許多產品，包括體香劑、美髮噴霧劑、牙刷甚至高
級鋼筆，帶動也受益於這樣的衛生趨勢。大家會繼續刮鬍
子，而吉列似乎早已體認未來必須持續研發產品，不論是
安全刮鬍刀或電鬍刀。

未來十年這項產業會有什麼變化？

　　刮鬍子是個人習慣，消費者會要求最好、最安全而價
格合理的產品。前面說過，發明一項優良產品然後依賴它
競爭幾十年是不夠的。吉列的管理階層推陳出新，或者模
仿並超越對手的新產品，掌握市場需求。該公司擁有刮鬍
刀業者中最好的全球行銷體系，但它無疑會再接再厲，以
滿足迅速成長的外銷市場。

你喜歡這家公司的管理階層嗎？

莫克勒和其他高級主管用心改良產品、加強行銷以及控制成本，已經證明他們了解公司業務的要素。他們買下和業務相關的小型企業，賣掉與本業無關或虧損的子公司。他們對股東利益的態度，在1980年代末期面臨購併時接受考驗。

綠色郵件（Greenmail）和白騎士（White Knights）

雖然吉列的企業體質比以往更健全，它的股價相對上卻積弱不振。該公司的本益比在10到20倍之間起伏，通常位於15倍左右。吉列的貸款不多，因而成為購併突襲的目標。在高收益債券和銀行融資支持下，露華濃（Revlon）之類的公司和KKR（編注：KKR全名為Kohlberg, Kravis and Roberts & Co.,在紐約金融圈以KKR聞名，為紐約垃圾債券公司）之類的基金，企圖以低價購併借貸少的企業。這些突襲者認為，像吉列那種企業的大量零成本現金流量，很快就能清償因為購併產生的債務，尤其是能夠降低成本和延緩研發的情況下更是如此。並非所有的突襲者想要完全併吞吉列。有時候，購併的威脅已足以讓當時的經營團隊中圈套。有時候，突襲者嘗到甜頭就罷手，或是把股票賣回給吉列（被突襲者向突襲者買回股票，華爾街稱之為綠色郵件），或賣給比較善意的投資人（華爾街的行話稱之為白騎士）。

吉列的經營團隊在1988年之前面臨四次購併威脅。在最後兩次，該公司為了讓突襲者打退堂鼓，並且把財務情況弄到讓依賴融資的突襲者失去味口，吉列買回近13億美

元的股票。一些企業為保住管理階層的飯碗，也使用過同樣的手段。巴菲特對吉列和所羅門、全美航空（US-Air）、冠軍（Champion）等公司的看法是，突襲者企圖以低價取得控制權。一般投資人按兵不動，等待股價回檔比較有利。吉列的主管對抗以低價突襲者和賣回股票的突襲者的方式，獲得巴菲特肯定。諷刺的是，惡化財務情況的做法成功嚇阻突襲者，但也嚇跑一些保守的投資人，因而股價1988年一蹶不振。這個情形無疑也吸引巴菲特投資。

有無替代產品？

刮鬍子本身沒有辦法可以替代，而留鬍子的風氣逐漸式微。吉列有直接的競爭對手。舒適牌（Schick）、百利和雙箭牌（Wilkinson Sword）的某些小產品在某些國家領先吉列。許多超市、化學廠商和連鎖藥房也銷售自有品牌，可是沒有任何公司可以和吉列超過60%的占有率抗衡，行銷網的範圍、品牌認同度或產品研發的投資也無人能及。

財務分析

巴菲特買進股份時，莫克勒已擔任吉列的董事長和總裁超過十年。莫克勒管理吉列期間的表現見下頁表。

這段期間銷售額成長80%，等於平均每年成長7%，淨收入增加142%，也就是平均每年增加10%。買回股票造成每股獲利成長166%，等於平均每年11%。三項數字最後五年的成長速度增加很快，分別是平均每年12%、14%和17%。最後兩年的成長率特別快。

年度	銷售額	淨收益	每股獲利 （美元）	淨利息 支出	長期負債	股東權益
1988	3581	269	2.45	101	1675	(85)
1987	3167	230	2.00	82	840	599
1986	2818	181*	1.42	47	915	461
1985	2400	160	1.29	48	436	898
1984	2,289	160	1.29	35	443	791
1983	2,183	146	1.19	33	278	757
1982	2,239	135	1.11	46	293	721
1981	2,334	124	1.03	63	259	720
1980	2,315	124	1.03	50	280	717
1979	1,985	111	0.92	29	249	648

單位：百萬美元

注：＊尚未扣除特別支出

　　吉列的資產負債表一目了然。將近36億美元的銷售額背後，有穩定的營運資金支撐──約7億美元，即兩個月左右的銷售額。表上其他唯一和營運有關的大額項目，是接近7億美元的土地、廠房和設備，這個金額對吉列這種規模的製造廠商而言很低。吉列也有小額取得商譽（來自百靈和一些潔牙產品），但不足以使資產負債表失真。

　　值得注意的是，負債和股東權益的金額龐大。最後三年的現金流量表可以解釋為何如此。

　　營運資金、資本支出和股利把尚未扣除特別支出和折

1988年合併資產負債表

現金和約當現金	175
應收帳款	729
存貨	653
固定資產	683
其他	355
無形資產	272
總資產	2,868
負債	1,961
應付帳款	669
其他	323
總負債	2,953
股東權益	（85）

單位：百萬美元

舊的淨收益消耗殆盡。對於一家成長快速的製造業廠商來說，這個情形算是正常。資本支出和現有的廠房投資比起來似乎很大，可是稍後我們會介紹，這種投資的報酬率很高，所以多多益善。整體而言，現金沒有什麼變化，這樣的局面很容易維持。買回股票的行動明顯消耗大量現金。

雖然吉列謹慎的買回股票，這麼大的手筆頂多只能維持兩、三年。事實上，買回股票的目標已經達成，讓股票對依賴融資進行購併的突襲者失去吸引力。吉列以負債替代股東權益，但營運尚未受影響。

1986年至1988年的現金流量

	1988年	1987年	1986年
淨收益（未扣除特別支出）	269	230	154
營運資金	（206）	（67）	（138）
資本支出	（189）	（147）	（199）
其他	43	111	26
折舊與攤提	141	126	108
股利	（95）	（85）	（86）
買回股票	（855）	（60）	（568）
獲得的現金	（892）	108	（703）

單位：百萬美元

1986年至1988年收益表

	1988年	1987年	1986年
銷售額	3,581	3,167	2,818
毛利	2,094	1,824	1,634
營業獲利	614	523	408
淨應付利息	（101）	（82）	（47）
其他	（64）	（50）	（303）
稅前收益	449	392	58
淨收益	269	230	16
每股獲利(美元)	2.45	2.00	0.12*

單位：百萬美元

注：*扣除特別支出前為1.42

前面介紹過不同產品的營收比重，至於各地市場的比

重如下：

	歐洲	拉丁美洲	其他	外國總額	美國	總計（扣除 其他費用）
1988年						
銷售額	1,467	378	485	2,330	1,251	3,581
營業獲利	228	102	83	412	230	613
1987年						
銷售額	1,264	318	419	2,001	1,166	3,167
營業獲利	186	77	80	342	206	523
1986年						
銷售額	1,030	307	381	1,717	1,101	2,818
營業獲利	123	67	63	253	183	408

單位：百萬美元

注：獲利金額不含特別預付金。總計金額包括中央成本備抵。

　　雖然美國本土的毛利率高於海外市場，兩個市場的毛利率都有上升——美國在兩年內從16.6%成長爲18.4%，海外從14.7%成長爲17.7%。最重要的趨勢是，銷售額在兩年內大增27%，主要來自外銷市場。事實上，吉列是行銷體系最優秀的美國企業之一，在28個國家設廠生產，200個國家銷售。吉列四分之三的員工是在美國之外的國家工作。

　　前面說過，吉列銷售額成長與經常費的管控有關。利息支出暴增的現象很有意思。1988年1億3,800萬的應付利息很低，會讓人產生錯誤觀念，因爲那一年的大筆買回股

票發生在年底。第四季的利息償付比率低於4倍。

股東獲利

吉列是股東獲利很難估計的好例子。由於成長快速，該公司消耗的資金和產生的資金一樣多。這個現象很普遍，但它無法協助我們估計業績停止成長時，可能擁有的自由現金流量。

資金來源

和淨收益以及淨收益加折舊比起來，吉列的資本支出和營運資金的成長速度很大。這就是該公司的業務爲何不會累積現金的原因，不過這是高成長率的效應之一。和盈餘比起來，吉列實際的廠房和營運資金不多。14億美元的營業資產（應收帳款＋存貨＋廠房－應付帳款），產生6億美元的營業獲利（尚未扣除利息、稅賦和股利），假設營業所得稅率是40%，報酬率有26%。這樣的報酬率很突出，顯示吉列擁有資產負債表上看不到的資產帶來的經濟商譽——品牌、市場占有率、行銷體系和產品的研發。

吉列的固定資產不多——7億美元的土地、廠房和設備，創造36億美元的銷售額，以及6億美元的營業獲利。這樣的表現會讓大多數人認爲它是「資本密集」的企業。

吉列沒有自由的現金流量。更值得玩味的是，該公司把現金再投資的比率和保留現金的比率一樣。假如一家企業被迫保留現金，不論它是否成長，資金的報酬率可能很低，有損股東的利益。如果一家公司能運用資金換取成長，並獲得高報酬，它可能讓股東享受增值。吉列的情

股東權益報酬率

年度	淨收益	營業獲利	股東權益	長期負債	平均資金總額	平均股東權益報酬率(%)	稅後平均資金報酬率(%)
1984	159	352	791	443	1,135	21	19
1985	160	380	898	436	1,284	19	18
1986	173	411	461	915	1,355	25	18
1987	230	523	599	840	1,408	44	22
1988	269	614	(83)	1,675	1,515	105	24

單位:百萬美元

注:最右欄是〔(營業獲利-40%所得稅)〕╱(股東權益+長期負債)

其中40%所得稅爲假設稅率。

形,因爲股東權益大量流失而難以分辨——如果股東權益是負數,我們無法計算股東權益報酬率。在這種情況下,我們也必須衡量資金報酬率。

股東權益報酬率的上升顯示,增加負債就可以讓報酬膨脹。1984年和1985年的20%股東權益報酬率可能比較實際,因爲那兩年的負債相對上較少。後面幾年的稅後資金報酬率,從18%和19%增爲24%,和業績改善的走勢一致,而更多資金被用來創造高報酬。

增值報酬率如何呢?正如前面所說,股東權益減少時我們很難計算這個數字,可是我們可以拿總資金來比較。

1984年初至1988年底,吉列共動用5億5,500萬美元新增資金(長期負債+股東權益)。稅後營業獲利增加1億7,700萬美元。因此,新增資金的報酬率增加幅度是32%。

年度	稅後營業獲利的變化	使用資金總額的變化
1984	17	199
1985	14	100
1986	22	42
1987	69	63
1988	55	151
總計	177	555

單位：百萬美元

吉列價值多少？

　　吉列1988年的淨收益是2億6,900萬美元。波克夏在1989年7月買進該公司股票。那年第一季的獲利微幅成長，但因流通股票銳減而使每股獲利大增。巴菲特不太可能推測吉列的每股獲利會高於2.7美元，也就是比1988年的2.45美元增加10％。我們已經算出，1988年的平均資金報酬率是24％，新增資金的報酬率增加32％。巴菲特一向強調，確實的數字並不重要，只要有安全邊際就可以。採用比較保守的24％，加上我們知道報酬會成長，我們就擁有安全邊際。

　　所有的量化指標顯示，吉列的經營團隊善盡其職，該公司的占有率無人可比，外國市場的獲利會繼續成長。吉列能妥善運用資金，尤其是長期資產，未來可能繼續投入大量現金，獲得24％以上的報酬。商譽和折舊攤提的數字微不足道。唯一不利的是負債過多，使得該公司的風險很大。

　　假設負債的問題可以解決，實質價值會是多少？吉列

可以保守估計的24%報酬率投入新資金。一般企業再投資的報酬率可能是10%，因此吉列的獲利的價值是2.4倍。報酬率10%的債券或股票本益比可以到10倍，吉列可以到24倍，使得1988年底的9,700萬股吉列股票，每股可價值65美元，總值63億美元。

巴菲特採取的投資策略

波克夏1989年買進吉列、全美航空和冠軍國際紙業的可轉換優先股。它是以救星的姿態參與這些投資，讓三家公司的經營團隊有時間重整。波克夏曾在1987年基於相同原因投資所羅門，幫它逃過露華濃的購併，1991年也拯救過美國運通。

雖然上述三家企業的優先股期限有別，巴菲特宣稱，這些投資的好處主要是有固定的股利，而轉換爲普通股的權利則是額外收穫。巴菲特對長期債券沒有信心，因爲通膨可能侵蝕它們的價值。波克夏購買的債券都有特殊之處，例如免稅、以票面價值的折價出售或可以轉換，使得付出的價格仍低於實質價值。

吉列優先股的股利是8.75%，當時長期國庫債券的殖利率是8%。安全邊際如此小，我們不由得認爲，吉利優先股最大的好處是可以轉換。波克夏確實在期限一到就馬上換成普通股，所以上面的看法可能正確，雖然這是事後

吉列能妥善運用資金，尤其是長期資產，未來可能繼續投入大量現金，獲得24%以上的報酬。商譽和折舊攤提的數字微不足道。

觀察的結果。假如吉列的業績惡化，而且股價大跌，波克
夏很可能不會轉換。波克夏投資的6億美元立刻讓吉列免
於負債，並使利息償付比率回到6倍以上。這是個假的好
消息，因爲利息負擔變成股利負擔。不過，重要的是，吉
列比較不會受主要債權人追討，且因波克夏成爲股東，也
會嚇跑突襲者，減少再度舉債的需要。要了解眞相，我們
要計算吉列優先股原本的價值，以及1991年轉換後的價
值。波克夏有權可在1991年賣掉普通股。

　　波克夏1989年投資6億美元，購買有固定8.75%股利
的吉列優先股。波克夏可以在十年後賣掉優先股，或以每
股50美元轉換成普通股。8.75%的固定股利，使優先股的
價值只略高於國庫債券，比起現金更好不了多少。的確，
吉列的安全邊際有限。和波克夏1989年投資的其他優先股
不同的是，巴菲特和曼格熟知吉列的體質，他們相信一定
能拿到股利並且能轉換成普通股。前面計算過，吉列當時
每股的實質價值是65美元。以50美元轉換成普通股的權
利，只讓波克夏得到23%的安全邊際。巴菲特的考量是，
由於報酬低於一般投資，較低的安全邊際很合理。這是巴
菲特一貫的理念──以零風險得到一些獲利的機會。

後續發展

　　如果這樣的投資考慮算是賭博，巴菲特後來說這是個
不算好的賭注。股利不算在內，波克夏6億美元的投資到
1997年底價值48億美元，等於增值爲原來的8倍。這還叫
看走眼？巴菲特的意思其實是，他當初太聰明，所以不敢
下大注。如果不是購買能以50美元轉換的優先股，而是直

接購買新發行的普通股，他不會接受高於40美元的價格。
以每股65美元的實質價值計算，等於有38%的安全邊際，
而波克夏最後轉換到的普通股會多25%──6億美元可以
換到1,200萬股50美元的股票，而同樣金額可以換到1,500
萬股40美元的股票。如果1991年轉換，波克夏會損失兩年
的優先股股利，得到股利較少的普通股，淨虧損約7,000
萬美元。可是多得到的300萬股普通股，此時價值為12億
美元。

是什麼原因使吉列的普通股增值這麼多？該公司在更
多市場，銷售更多的刮鬍刀、美容護膚產品和鋼筆，得到
更多利潤。實際情況如下：

	1988年	1989年	成長率	1990年	成長率
銷售額	3,581	3,819	7%	4,344	14%
營業獲利	614	664	8%	773	16%
每股獲利（美元）	2.45	2.7	10%	3.2	19%

單位：百萬美元

1989年波克夏投資吉列之後，感應刮鬍刀問世，立刻
暢銷成為主流刮鬍刀產品。其他產品的獲利和刮鬍刀、刀
片不相上下，百靈和歐樂B更賺錢。美國市場尚未飽和，
可是外國市場繼續以更快的速度成長。

波克夏的第二次決策

1991年吉列告知波克夏可以把優先股脫手。當時吉列
普通股價格約70美元，因此波克夏轉換成1,200萬股普通

股的權利，價值8億4,000萬美元。扣除1989年到當時的優
先股股利，波克夏的帳面獲利是2億4,000萬美元。不論是
賣掉股票獲利了結或繼續持有，波克夏都必須做第二次決
策。第二次的投資決策比第一次簡單。巴菲特和曼格對吉
列的了解更深入（巴菲特已成爲吉列的董事），看到感應
刮鬍刀的成功和其他產品的業績成長，而且他們知道，吉
列的銷售額和獲利必定會不斷成長。

在這種環境下，他們不可能獲利了結，不過我們仍可
以計算實質價值有無增加，是否還有安全邊際。吉列在
1988年之後不曾買回股票，因此波克夏6億美元的投資，
以及成長速度大於資金支出的淨收益，使得1990年底的長
期負債減少到略高於10億美元。1990年的股東權益只有2
億6,500萬美元，小得不足以計算長期的股東權益報酬
率。1990年的平均資金報酬率高達38%。由於1989年投資
總額減少，無法計算新增資金的報酬增加幅度。不過，
1988年和1990年投資的報酬率增幅在35%左右：

我們將以35%做爲長期投資報酬率。1990年每股獲利
爲3.2美元，使得實質價值爲：

年度	稅後營業獲利	稅後獲利變化	投資額變化	增值報酬率
1990	464	66	200	33%
1989	398	30	(479)	-
1988	368	54	151	36%

單位：百萬美元

當時吉列股票市價70美元，因此具有38%的安全邊際

（若以轉換價格計算，則為55%）。

$$3.2 \times \frac{35\%}{(10\%)^2} = 112美元$$

1991年至1997年的吉列

　　吉列在1993年以4億5,800萬美元買下派克鋼筆公司（Parker Pen）。該公司並推出和刮鬍相關的保養品。1993年的感應刮鬍刀（SensorExcel）和1996年的女用感應除毛刀問世，進一步擴大吉列的領先地位。歐樂B潔牙護齒產品，仍然是成長最快的業務項目。刮鬍刀和刀片仍是銷售額最大的項目。

　　吉列的基本價值沒有改變。愈來愈多的營收來自五年內推出的產品和美國之外的市場，在1997年兩者的比重分別是49%和63%。吉列手筆最大的投資，是在1996年底買下全球鹼性電池領導廠商金頂電池（Duracell）。金頂1996年稅前盈餘4億5,000萬美元，吉列以買進1億1,000萬股增資股票的方式購併該公司，這批股票市價約110億美元。吉列獲得的好處很明顯──金頂是另一家世界級消費產品的廠商，而且不斷進行改良。

　　購併後的行銷費用可以降低，而同樣的顧客多數會向該集團的不同部門購買產品。金頂在美國之外的市場占有率不如本土，但吉列可以運用行銷體系拉抬金頂。購併金頂後的初期成果不錯，1997年金頂的銷售額和獲利分別成長10%和17%。

　　整體而言，吉列近年來的表現如下：

年度	銷售額	淨收益	每股獲利 （美元）	股東權益	股東權益 報酬率	年底時股價
1997	10,062	1,427	2.49	4,841	29%	100
1996	9,698	1,232	2.16	4,471	27%	78
1995	8,834	1,069	1.89	3,879	28%	52
1994	7,935	919	1.64	3,257	28%	37
1993	7,085	772	1.38	2,582	30%	30
1992	6,752	676	1.24	2,538	27%	28
1991	6,188	541	1.03	2,134	25%	28
1990	5,709	388	0.73	607	64%	16

單位：百萬美元

注：表中數字尚未扣除特別支出。1996年之前的數字經過調整，金頂一直被視爲是吉列的一部分。由於商譽分年攤提，淨收益的數字縮水。

　　波克夏1989年投資在吉列的6億美元，到1997年底增值爲48億美元，相當於每年以28%的複利成長。

　　吉列在1998年推出新的刮鬍刀片。

練習題

　　(1)假設吉列將營業額的10%用於研究發展，如果該公司決定省下這筆費用，1988年的價值會有何變化？

　　(2)如果吉列的生產效率提高，只要一半的研發經費即可獲得同樣的營業額，價值的變化又如何？

進一步討論的問題

　　(3)假設吉列只銷售刮鬍刀片，這些刀片必須每週更

換，而全世界30億的男性都使用吉列的刀片，吉列每一支刀片的淨利是0.1美元。該公司獲利總額是多少？以上的假設那一個最不可能是眞的？

(4)假設吉列決定，除了保留品牌之外，所有業務都外包，只賺權利金。該公司會面臨什麼風險？供應廠商如何提高談判籌碼？

16 迪士尼公司

　　波克夏在1977年至1980年間持有首都傳播公司（Capital Cities）股份；1978年至1979年持有美國廣播集團（ABC）股份，1984年起再度持有該集團股份。1986年，波克夏買下首都傳播逾半股份，使得它有權買下美國廣播集團。首都傳播／美國廣播在1996年和迪士尼合併，波克夏得到部分股票和現金。波克夏1996年從市場上又買進一些迪士尼股票。

公司沿革

美國廣播集團

　　美國廣播是美國無線電公司（RCA）的子公司。美國無線電公司也擁有國家廣播公司（NBC），所以聯邦通訊委員會（FCC）要求其出脫其中一家廣播公司。諾博（Edward Noble）在1943年買下美國廣播。當時它是三大電視網中收視率最低的一家，在轉手後的二十年中，自製節目少，地方聯播台也不多。1953年和聯合派拉蒙院線

（United Paramount Theaters）合併後，美國廣播開始向好萊塢委製節目，聯播台增加，節目更充實。該公司1970年代一度是收視率最高的電視網，從那時候開始一直保持前三名。美國廣播在1984年買下運動節目頻道ESPN。

首都傳播公司

　　1954年於紐約州阿爾巴尼成立，原本只有一家電視台和一家廣播電台。首都電視台的首任總經理莫菲（Tom Murphy）是該公司擴張的主導人物，他和柏克（Dan Burke）不斷進行購併行動。經過三十次購併，他們建立橫跨電視、廣播、雜誌和報紙的帝國。1986年莫菲和柏克買下美國廣播集團時，已被譽為傳播界最優秀，也是最精明的經營團隊。

迪士尼公司

　　迪士尼的故事值得以較長的篇幅介紹。華德‧迪士尼是一個動畫家，童年不快樂、在不安的環境下長大，終其一生努力為兒童創造美好的環境。他和哥哥羅伊在1923年成立工作室。華德負責創作，羅伊則負責財務，但他們創業早期學到慘痛的教訓。兩兄弟把他們第一個走紅的卡通人物「幸運兔奧斯華」（Oswald the Lucky Rabbit）的著作權，讓渡給發行公司，可是發行公司把奧斯華卡通系列的後續創作，交給其他收費較低的動畫家，迪士尼因而失去奧斯華。在智慧財產的領域中，這是一個寶貴的經驗。迪士尼謹慎的把他下一個人物的著作權，保留給自己的工作室。這個人物就是20世紀家喻戶曉的米老鼠。

一般個人工作室都請不起大明星。米老鼠在全世界大受歡迎。迪士尼工作室的作品委由哥倫比亞公司（Columbia）在全球發行，但保留著作權；工作室必須每個月推出新卡通，才能滿足觀眾需求。迪士尼首開好萊塢的商業化作法。他出版《米老鼠童書》（*The Mickey Mouse Book*），然後授權他人把米老鼠用於漫畫、營養麥片和手錶等產品上。迪士尼兄弟發現，他們開創的卡通世界無限寬廣。唐老鴨、高飛狗和其他人物，陸續加入米老鼠的行列。

迪士尼兄弟的下一個大創作，是世界第一部動畫電影「白雪公主和七矮人」。這個作品的開銷超過預算，羅伊費盡唇舌，終於從美國銀行（Bank of America）貸到近100萬美元完成創作。這部動畫片造成轟動，首次上映就進帳850萬美元。

迪士尼公司1940年股票上市，但1966年華德去世之前，仍繼續大量借款。迪士尼於1940年代為了新的動畫片而借貸，可是許多作品都失敗。由於近半數的營收來自國外，第二次世界大戰使迪士尼公司難以為繼。1948年開始推出的真人電影和1950年代中期開始的電視卡通（主要在美國廣播電視台播映），讓迪士尼公司起死回生，讓華德得以進行生前最後一項大投資。

華德想創造一個適合親子活動的樂園，一個安全又充滿歡樂的天堂。迪士尼公司不願出資興建加州迪士尼樂園，所以華德只好以私人名義秘密進行。這個樂園造價1,700萬美元，其中三分之一來自美國廣播集團，1955年開幕之前，它的商業實力已經很明顯。廠商踴躍爭取美國

最受歡迎的卡通人物的商機，使得迪士尼樂園的建造經費和經營成本在開幕前就有著落。迪士尼公司低調接受這項成功，華德則進一步打造迪士尼世界（Disney World）。

華德過世後，公司走下坡。迪士尼世界在1971年開幕，羅伊同年去世；迪士尼公司推出一些非動畫片，可是電影的收入不久就枯竭，靠主題樂園的營收撐下去。羅伊的兒子說服房地產商人貝斯（Sid Bass）買下迪士尼公司未過半的股權，他們一起聘用艾斯納（Michael Eisner）和威爾思（Frank Wells）組成新的經營團隊。艾斯納和威爾思知道，迪士尼的名號底下有寶藏。1986年之前，他們已靠發行錄影帶和上映的方式運用迪士尼的片藏，同時靠廣告和提高票價大幅增加主題樂園的報酬率，另外還興建旅館，重振非動畫片和電視卡通業務。他們也計畫讓迪士尼奪回動畫電影領導者的地位。

1986年的首都傳播公司

莫菲和柏克於1960年代發覺，電視台和其他媒體可以聯營。它們的資本支出不多，相對上沒有什麼競爭，觀眾和廣告日益增加，價格的主導權很大。第十七章對地方電視台的性質有進一步說明。首都傳播公司擁有很多電視台，收視率很高，而經營成本低。首都傳播數十年來選擇性的買下廣播和出版公司，但只在價錢合理時才買。首都傳播的經營團隊嚴格控制成本，經常對購併的企業大刀闊斧改善。到了1985年，首都傳播的年獲利達1億5,000萬美元，是十年前的5倍，負債對股本的比率沒有改變，可是流通在外的股票減少15%。從1970年代中期開始，首都傳

播的股東權益報酬率約20%。扣除股利不計，股票的資本利得為原來8倍，等於以每年26%的複利增值。

　　1986年初，首都傳播以34億美元現金和小量認股權證，買下美國廣播集團。這次購併的資金中，7億5,000萬是首都傳播自有的現金，13億5,000萬來自借款，另外靠出售部分旗下媒體和房地產得到7億8,800萬。其餘5億1,800萬來自波克夏；波克夏買下300萬股的增資股票，占增資的19%。當時這是美國金額最大的購併案之一。首都傳播以1985年盈餘20倍的金額買下美國廣播集團，很多人覺得不划算。

　　實際上，這項購併案讓首都傳播和波克夏荷包滿滿。在策略上，首都傳播獲得播送體系的上游重要供應來源。在財務上，購併的利益比表面上大，即使尚未計入購併後節省的成本。首都傳播和美國廣播集團的1985年合併報表會是這樣：

營業額	4,089
營業成本	（3,371）
折舊	（93）
無形資產攤提	（55）
營業收益	570
淨利息	（186）
稅前收益	384
淨收益	175
攤提前淨收益	230

單位：百萬美元

　　這個統計表並不確實，因為它包括購併後的某些節目
權利金。波克夏投資的價格，使購併後的綜合獲利為28
億，也就是帳面上的本益比只有12倍；對於過去股東報酬
率為20%的發展中企業而言，這樣的數字很不錯。

　　合併後的首都傳播／美國廣播表現亮眼：

	1985年	1994年	平均年成長率
營業額	4,089	6,379	5.1%
營業成本	（3,371）	（4,968）	4.4%
折舊	（93）	（109）	1.8%
攤提	（55）	（63）	1.5%
營業收益	570	1,239	9%
淨利息	（186）	（34）	（20.8%）
稅前收益	384	1,205	13.5%
淨收益	175	680	16.3%
每股獲利（美元）	1.09	4.42	16.8%

單位：百萬美元

　　首都傳播的營業額逐漸成長，其秘訣在收入表上看不
出來。由於利息支出降低，以9%速度成長的營收帶來可
觀的每股獲利。該公司顯然能獲取現金並逐漸償還債務。
另外值得注意的是折舊費用的微幅成長，它代表資本累積
很慢。

1995年的迪士尼

　　艾斯納和威爾思努力經營迪士尼，該公司近年的情況
如下：

	1989年	1995年	平均年成長率
營業額	4,594	12,112	17.5%
營業收益	1,229	2,446	12.2%
淨收益	703	1,380	11.9%
每股獲利（美元）	1.27	2.60	12.7%

單位：百萬美元

　　迪士尼的成長不如首都傳播，主因是歐洲迪士尼樂園獲利不佳。美國和日本的迪士尼樂園數十年來經營得很成功。1992年開幕的歐洲迪士尼樂園，是迪士尼另一種發展策略，資金不列入迪士尼的資產負債表。迪士尼擁有歐洲迪士尼49%的股權，其餘股權屬於法人和個人股東；這個樂園舉債甚多，但迪士尼不負責償還。迪士尼會以股東身分得到報酬，另有可觀的權利金和管理費收入。迪士尼完全擁有、經營美國本土的迪士尼樂園，而日本的迪士尼樂園只收取權利金，歐洲迪士尼樂園則介於兩者之間。歐洲迪士尼的表現不如預期，尤其關係獲利甚大的旅館住房率不理想。債權銀行1994年和歐洲迪士尼樂園達成調整債務的協議，有些觀察家認為那項協議對迪士尼有利。歐洲迪士尼樂園1993年和1994年的債務成本分別是5億1,500萬美元和1億1,000萬美元（這些是統計表上的數字，現金的成本更高）。歐洲迪士尼樂園漸有起色。這個樂園是合理擴大產品的作法，資金籌措方式對迪士尼的風險較低。歐洲

1992年開幕的歐洲迪士尼樂園，是迪士尼另一種發展策略，資金不列入迪士尼的資產負債表。

迪士尼樂園具備和歐洲其他樂園競爭的實力，爲數衆多的
遊客人數不斷增加。

除了迪士尼樂園，迪士尼還有很多資產。

公司是否為顧客創造價值？

美國運通讓持卡人覺得身分不凡：可口可樂的瓶身，
代表無數人的渴望。迪士尼的意義遠不只如此。它也和大
家的夢想有關，可是和大多數企業不同的是，它創造夢
想。七十年前，迪士尼創造一隻會說話的老鼠，大家爭先
恐後反覆收看，並購買相關產品，使消費關係永不停止。
現在的兒童，反覆觀賞「阿拉丁」和「獅子王」錄影帶。
迪士尼並非世界唯一的娛樂公司。由美國主導的全球娛樂
業中，美語和美國價值觀現在幾乎成爲所有消費者追求的
對象，而大型的好萊塢電影公司數十年來保持霸主地位。
即使如此，迪士尼對其他競爭者有三方面的優勢：

(1)**兒童**——要求滿意品質的觀眾第一次就受迪士尼的
產品吸引。家長信賴迪士尼的水準和價值觀。如果你想衡
量迪士尼品牌的價值，可以做這樣的假想實驗。你帶著年
紀還小的子女到有好幾個放映廳的電影院，你可以購買全
票看迪士尼電影，也可以買半票看其他電影。你會選擇看
什麼片？製作和發行一部電影的成本可能超過1億美元，

> 美國運通讓持卡人覺得身分不凡。可口可樂的瓶身，代
> 表無數人的渴望。迪士尼的意義遠不只如此。它也和大
> 家的夢想有關，可是和大多數企業不同的是，它創造夢
> 想。

電影公司最大的風險是，什麼樣的電影會賣座很難捉摸。迪士尼把這種風險降到最低。而且，因爲主要的觀衆群是兒童，該公司只要以少許成本就能把產品重新發行給新的世代。

(2)**授權**──迪士尼是授權廠商把卡通人物用於商品的領導者。這是一個很有意思的業務。客戶付錢給供應廠商以取得促銷產品的權利，其他行業可有這種現象？每一個印有白雪公主圖案的鉛筆盒以及漢堡，都爲迪士尼帶來權利金收入，而這些圖案，每一個都爲白雪公主、電影和迪士尼做進一步宣傳。迪士尼授權使用人物所得的收入世界第一。

(3)**人才**──迪士尼聘用優秀的動畫家、編劇、作曲家和演員，每一種人才都是無法替代的資產。前面說過，電影是高風險的行業。爲了降低風險，電影公司經常用知名演員拍戲。這種做法讓大牌明星或他們的經紀人擁有籌碼。票房收入用於支付明星片酬的比重日漸增加。可是我們看迪士尼電影時，比較不在意卡司問題──但電影的水準一定要高，誰演並不重要。而卡通人物的成本也較低廉。

迪士尼有一方面不如可口可樂、吉列和《華盛頓郵報》。它的競爭者比較多。《華盛頓郵報》是報紙市場中唯一重要的日報。可口可樂和吉列的產品遍布全球，現有或新的競爭者在成本、品質和知名度上望塵莫及。迪士尼品牌地位穩固，聲望沒有任何娛樂公司可以挑戰（華納公司也有知名的卡通人物，但沒有一致的價值）。可是，其他公司也可能製作出高水準的兒童電影，不論是動畫片還

是眞人電影。

管理階層是否為公司創造價值？
公司是否為股東創造價值？

　　艾斯納和迪士尼公司確實已經讓公司重新掌握業務重心。1960年代以來，他們推出一系列別人無法匹敵的動畫電影。他們聰明的以有限的通路發行錄影帶，不但炒熱需求，也確保以後爲新的世代再度發行錄影帶時會熱賣。在美國和其他國家成立的迪士尼專賣店業績亮麗，把卡通商品的銷售帶到新高峰。除了歐洲迪士尼樂園，主題樂園和其他遊樂設施的業績表現未讓人失望，電影或玩具的銷售，會帶來更多遊客。艾斯納提高了電影票房和樂園、旅館、商品的價格，因爲他知道迪士尼對渴望的顧客擁有訂定價格的主導權。有線電視的迪士尼卡通頻道，是重新進入電視市場的高明手段。

　　艾斯納的經營能力原本被人質疑。威爾思於1994年初意外身故，艾斯納等於獨掌大局。迪士尼大舉投資在眞人電影和唱片製作，獲得不少利潤，可是這些和迪士尼品牌以及核心業務無關。艾斯納和威爾思經營的十年期間，爲股東創造28%的年報酬率。股東也沒虧待他們。艾斯納擁有迪士尼1.5%的股票或認股權證。這些股票價值1億7,000萬，使他成爲全世界待遇最高的薪水階級之一。

　　波克夏投資的上市公司中，有些發行認股權證。事實上，幾乎所有上市公司都發行認股權證，但是迪士尼特別大方。波克夏本身並未發行任何認股權證。巴菲特和曼格寧願根據主管可以控制的因素，像是業績或成長率，決定

主管的酬薪。股價不能提供一家企業的真正價值或前景的任何資料，它只給你機會根據自己判斷的實質價值買賣股票。發行認股權證就像贈送樂透彩券，而獎金是股東捐出來的。

巴菲特與迪士尼的關係

巴菲特股份有限公司在1966年買下迪士尼5%左右的股權，花費約400萬美元。這是巴菲特估計資產負債表上看不到的資產價值的最早嘗試。除了研究資產負債表，巴菲特還親自遊覽迪士尼樂園，並和華德‧迪士尼本人見面。巴菲特和曼格認為，迪士尼公司的片藏，價值超過該公司的市值。巴菲特公司很快就獲利了結，一年後賣出，報酬率50%。

重要資訊解讀

首都傳播購併迪士尼，波克夏必須決定選擇迪士尼股票或現金時，迪士尼發表1995年9月為止的會計年度財務資料。該公司的資料數字比1960年代大很多，可是項目大致相同：

	娛樂影片	主題樂園	消費商品
營業額	6,002	3,960	2,151
營業收益	1,074	861	511

單位：百萬美元

　　雖然娛樂影片部門除了動畫也製作真人電影和電視節目，它仍然是迪士尼的業務重心。它創造的人物、情節和品牌，可以再運用於主題樂園和商品。迪士尼現在擁有六個主題樂園和數家旅館，另外也建造郵輪和新市鎮——歡慶（Celebration）。

　　娛樂業的對手和競爭日漸增加，可是迪士尼鶴立雞群。在英語世界中，許多人喜歡看迪士尼的動畫以及適合親子收看的電視節目，迪士尼主題樂園和遊樂設施，也成為遊客第一選擇的景點。

以下問題測驗你的了解程度

你知道大家為什麼買這家公司的產品嗎？

　　觀察正在看迪士尼錄影帶的兒童，你自己也可以看一看錄影帶。

未來十年這項產業會有什麼變化？

　　迪士尼的價值觀放諸四海皆準，不受時空限制。科技不斷進步，可是從電腦動畫開始，迪士尼一直領導趨勢。衛星、有線電視、電腦和其他新興媒體，會帶來影片發行的挑戰。高水準的影片，永遠都有觀眾。

你喜歡這家公司的管理階層嗎？

　　在艾斯納和威爾思，以及新一代的主管領導下，迪士尼出類拔萃。錄影帶、迪士尼商品專賣店業務成長，製作題材擴大的同時，價格的訂定更強勢，行銷手法更高明。

艾斯納是精明的領導人,也是優秀的管理者和創新者。有
人懷疑,艾斯納的高薪是否名實相符。他是迪士尼公司中
權力最大的主管。有幾名「獨立」董事和艾斯納或迪士尼
公司有私人或商業關係,可能使他的影響力更大。

財務分析

　　迪士尼想要買下規模是它一半的首都傳播／美國廣
播。要了解巴菲特此時的決策,我們必須先探討迪士尼本
身以及合併後的情況。

1994年和1995年合併資產負債表

	1995年	1994年
現金與投資	1,943	1,510
應收帳款	1,793	1,671
存貨	824	668
電影和電視(注1)	2,099	1,596
固定資產	6,723	6,445
其他	1,224	937
總資產	14,606	12,826
債權人	2,843	2,475
負債	2,984	2,937
稅賦(注2)	1,267	1,206
非營業收益(注3)	861	700
總負債	7,955	7,318
股東權益	6,651	5,508

單位:百萬美元

注：1.片藏已不再排除在資產負債表外，可是我們很難計算每部影片的價值，以及電影、電視節目成本和固定資產成本比較起來如何。固定資產的成本大很多，可是哪一項價值較高就見仁見智了。迪士尼可以把影片成本化爲資產，使得會計作業非常棘手。基本上，影片在播映前是被視爲支出的；因此，播映影片帶來的實際進帳和預估進帳的差額，被列爲開支。問題是，公司可能高估影片進帳，使得實際和預估進帳的差額成爲虧損。還好，這個數字不是很大。另外，未攤提的製作成本，有87%可能在三年內銷帳。迪士尼擁有的影片壽命大多遠超過三年。

2.主題樂園的投資，產生很多遞延稅賦。隨著主題樂園和遊樂設施繼續開發，稅賦可能維持不變或增加。

3.迪士尼從東京迪士尼樂園和其他商品授權得到大量現金，在合約期限內，這樣的收入被列爲收益。

資金來源

迪士尼靠7億美元的股本，創造121億美元的營業額和14億美元的淨收益。投入製作節目的小量資金、遞延的稅賦和非營業收益，顯然構成零成本的資金。更重要的資金來源是迪士尼這個名號。大眾喜愛迪士尼，願意掏腰包享受它的電影、錄影帶、有線電視頻道、商品和主題樂園。

股東權益報酬率

近年的數據如下：

年度	淨收益	平均股東權益	股東權益報酬率	增值報酬率
1992	817	4,288	19.1%	
1993	888	4,868	18.2%	12.2%
1994	1,110	5,269	21.1%	55.4%
1995	1,380	6,080	22.7%	33.3%

單位：百萬美元

購併首都傳播

　　首都傳播公司當時有1億5,390萬股流通在外。迪士尼
的購併條件是，首都傳播每一股可得到一股迪士尼股票和
65美元現金。首都傳播的股東可以有條件的選擇全部拿迪
士尼股票或全部拿現金。當時迪士尼股票的市價是58美
元，使得這筆購併案金額達190億美元。扣除特別和無形
支出後，首都傳播1995年至10月1日爲止的前三季有5億
7,300萬美元淨收益。以這個數字推算，全年會有7億6,400
萬淨收益。由於購併案總額爲190億美元，本益比是24.9
倍。雖然首都傳播的股東權益報酬率近年來跌到17%，它
過去的增值報酬率爲20%。不論怎麼算，24.9的本益比不
會吃虧。因此，如果巴菲特選擇全部拿現金，價格很合
理。

　　但巴菲特沒有選擇全部拿現金，他選擇全部拿迪士尼
股票，購併完成後還從市場買進更多迪士尼股票。他爲何
這樣做？最主要的原因是他的投資策略。巴菲特、艾斯納
和莫菲都知道，迪士尼是美國最好的娛樂公司。首都傳播
公司則是發行的佼佼者，特別是在電視網和有線電視方
面。兩家公司結合，將創造龐大的價值。很少擔任仲介的
巴菲特從中撮合，鼓勵兩家公司的主管考慮上述情況。

　　購併案當然也必須能帶來獲利。由於首都傳播的其他
股東可能選擇股票或現金，合併後的公司在資金結構上會
有相當大的差異。購併會帶來一定的成本節約和無法量化
的利益。根據帳面數據，兩家公司合併後，1995年的總營
收將達35億4,300萬美元，這個數字尚未扣除利息。迪士

尼在購併前負債1億400萬美元,首都傳播有7億美元現金。我們可以計算首都傳播所有股東都選擇拿現金,以及選擇拿股票和現金這兩種情況下的結果。我們假設利率是10%,營業所得稅率是35%,但不計算無形支出的攤提。

(1)如果首都傳播所有的股東都選擇拿現金會如何?

這會產生193億美元的負債,迪士尼5億2,480萬股的股票不會增加。合併後的收益表會是:

營業收益	3,543
應付利息	(1,930)
稅前收益	1,613
淨收益	1,048
每股獲利(美元)	2.0

單位:百萬美元

(2)如果首都傳播所有的股東都選擇拿一股迪士尼股票和65美元會如何?

首都傳播股票1億5,390萬股,因此迪士尼股票會增至6億7,870萬股,另有103億負債:

營業收益	3,543
應付利息	(1,030)
稅前收益	2,513
淨收益	1,633
每股獲利(美元)	2.41

單位:百萬美元

　　波克夏原本持有2,000萬股首都傳播股票。波克夏選擇拿股票，其他人這麼做可以有避稅的好處，而且購併案很划算。所以拿股票和現金比較可能出現。波克夏可以得到2,000萬股迪士尼股票，等於合併後股權的2.95%，另外可以得到13億美元的現金。

　　巴菲特認為，以股票換股票的購併案中，最重要的財務考量是，被併公司的股東必須取回他付出的價值。波克夏損失首都傳播13%的股權（原持有的19%股權已有部分賣出），換得迪士尼2.95%的股權以及現金。前面說過，首都傳播的年獲利可達7億6,400萬美元，增值報酬率／股東權益報酬率在17%到20%之間。實質價值估計最高有153億美元。波克夏的13%首都傳播持股價值20億美元。迪士尼在購併前幾年的股東權益報酬率／增值報酬率在23%到33%之間。採用最低的報酬率以及第二種情況的淨收益，可以算出合併後的實質價值為376億美元。波克夏取得的2.95%迪士尼股權將價值11億美元。加上13億美元的現金，波克夏可從購併案得到24億美元。這個數字高於波克夏原有首都傳播股權的20億美元價值，況且合併後的利益尚未計算在內。

　　1996年初，波克夏在市場上再買進460萬股迪士尼股票。當時買進的價格不明，但可能在50到60美元之間，使得購併首都傳播後的迪士尼的市價介於340億到410億美元之間，接近實質價值。巴菲特推動購併案，無疑是因為他

> 巴菲特認為，以股票換股票的購併案中，最重要的財務考量是，被併公司的股東必須取回他付出的價值。

知道這對迪士尼和首都傳播有很大的利益。這宗購併案的
安全邊際,來自無法量化的預期利益。

後續發展

　　首都傳播的股東選擇拿迪士尼股票和現金;經過幾次
小幅增資和買回股票行動後,流通在外的迪士尼股票有6
億7,100萬股。加上特別收入和商譽攤提,迪士尼購併首
都傳播之後的財務情況如下:

	1997年	1996年	1995年
營業額	22,473	18,739	12,151
營業收益	4,384	3,325	2,227
應付利息	(693)	(438)	(110)
稅前收益	3,691	2,887	2,117
淨收益	2,399	1,877	1,376
每股獲利(美元)	3.49	3.03	2.60

單位:百萬美元

　　請注意,1997年才是合併後的第一個完整年度。這說
明1996年的總營收低於預期的原因。合併後總營收從1996
年估計的35億美元左右,變成1997年的近44億美元,成長
幅度驚人。各部門帳面上的營收,都增加15%到25%。唯
一和我們的預期相差很大的是利息成本。6%到7%的利率
遠低於我們假設的10%,這個因素使盈餘增加30%。
　　巴菲特1997年出脫幾個重要投資部分,包括出脫迪士
尼的持股,但只賣出300多萬股迪士尼股。剩餘的2,160萬

股價值21億美元，等於每股99美元。股利不計在內，波克夏的持股每年增值28%。波克夏1986年初以每股17美元買進首都傳播股票，現在價值99美元，而且另外已經拿到每股65美元現金。股利不計，資本利得是以每年21%的複利成長。

練習題

(1)假設有增資，也不計股利，計算到1995年為止，巴菲特是否應該繼續持有1966年買進的迪士尼股票？

(2)如果條件和上面一樣，迪士尼1923年必須投資多少金額，才能在1995年時創造相同的平均年報酬率？

進一步討論的問題

(3)迪士尼和可口可樂有什麼共同特點？又有什麼差異點？

(4)迪士尼是否應該繼續秉持製作適合全家觀賞的影片的經營方針？這樣做有什麼風險？

17 華盛頓郵報公司

　　波克夏在1973年以1,060萬美元，買進華盛頓郵報公司（Washington Post Company）46萬7,250股的B類普通股。

公司沿革

　　《華盛頓郵報》於1877年在華盛頓特區創刊，以直言不諱的編輯政策聞名，發行之初即打響名號。在其後的五十年中，該報換了幾位老板，大都是政治人物，因此報譽很快被黨派色彩玷污，最後更面臨難以為繼的命運。該報在1933年宣告破產，由銀行家梅爾（Eugene Meyer）以82萬5,000美元買下。他重金延攬頂尖記者與編輯，好不容易才重建該報的聲譽。當時華盛頓的報紙市場競爭非常激烈，但是《華盛頓郵報》逐漸取得領先地位，包括廣告和獲利能力。梅爾本人也參政，最後並被任命為聯邦準備理事會主席。他在1948年把經營權交給女兒凱伊（Kay）和才華洋溢的女婿格拉翰（Philip Graham）。

　　格拉翰把《華盛頓郵報》發展為華盛頓的頂尖報紙，

競爭者慢慢消失。他也買下一家電台和幾家地方電視台，還有《新聞周刊》（*Newsweek*）雜誌。遺憾的是，格拉翰因爲罹患躁鬱症，在1963年自殺，凱伊遂接下發行人和董事會主席的職位。凱伊把布萊德禮（Ben Bradlee）由《新聞周刊》調到《華盛頓郵報》擔任總編輯，她和編輯團隊提倡嚴謹的調查報導，鞏固了該報在華盛頓的領先地位，並建立全國性和國際性的聲望。華盛頓郵報公司在1971年股票上市。

1973年的華盛頓郵報公司

華盛頓郵報公司在1973年有三項主要營收來源。半數的營業收入仍然得自報紙，四分之一來自《新聞周刊》，另外四分之一來自廣電部門，包括一家廣播電台和三家電視台。儘管其中部分資產是由該公司買下，但是它們本身原本全都是相當穩健的企業，因此要回答三個有關價值的問題很容易。

公司是否為顧客創造價值？

在城市發行的日報和讀者的關係相當密切。它是讀者得知世界大事與地方消息的來源，是了解歷史的窗口，也是地方的公布欄。《華盛頓郵報》雖以政治新聞的品質聞名國際，但也不忘報導只有華盛頓居民才有興趣的地方芝

> 格拉翰把《華盛頓郵報》發展爲華盛頓的頂尖報紙，競爭者慢慢消失。他也買下一家廣播電台和幾家地方電視台，還有《新聞周刊》。

麻小事。儘管還有一家比較小的報紙以及廣電媒體報導這
些消息，對大部分的讀者而言，《華盛頓郵報》還是一份
不可或缺的報紙。

公司旗下的電視台情況也不錯。在聯邦通訊委員會的
法規下，它們幾乎享有壟斷地位，因為它們是大電視網的
地區加盟台（在華盛頓特區與佛羅里達州的傑克森維爾是
哥倫比亞廣播公司，在佛羅里達州的邁阿密則是美國廣播
集團）。你在那些地區看電視時，很可能看的就是華盛頓
郵報公司旗下的電視台。《新聞周刊》面臨的競爭比較激
烈，包括《時代雜誌》（*Time*）、《美國新聞與世界報導》
（*US News & World Report*）和許多其他的周刊。它已經是
一家領先群倫的新聞類周刊，有五十多種針對不同地區與
人口分布狀況的版本，訂戶數目龐大。它必須保持領先競
爭者的地位，但顯然能提供世界各地的讀者感興趣的產
品。

華盛頓郵報公司旗下各公司都有良好的品牌形象，在
市場上也有獨特的地位，而且擁有一批忠誠的顧客。

管理階層是否為公司創造價值？

凱伊‧格拉翰在回憶錄中生動地敘述，在丈夫過世

《華盛頓郵報》雖以政治新聞的品質聞名國際，但也不
忘報導只有華盛頓居民才有興趣的地方芝麻小事。儘管
還有一家比較小的報紙以及廣電媒體報導這些消息，對
大部分的讀者而言，《華盛頓郵報》還是一份不可或缺
的報紙。

後，她如何承擔起發行人與女企業家的角色。起初她像溫室裡的花朵，在這項家族投資中只是個名義上的老板，但是她逐漸學會其中訣竅。由於身旁都是第一流的新聞人才，編輯標準不是問題，而公司的大方向也證明可以獲利。《華盛頓郵報》終於主控華盛頓的報紙市場，幾家電視台的地位似乎也相當穩固，《新聞周刊》也取得堅實而有利的市場地位。凱伊女士和她的團隊展現了1930年代所欠缺的一種特質，就是無私無畏的精神。雖然面臨了強烈的政治壓力，她在公司上市之際批准刊登國防部的文件，後來又刊登「水門案」的調查報導。政治威脅可不是紙老虎。尼克森總統指示聯邦通訊委員會，威脅要撤銷她旗下電台與電視台的執照。但是凱伊女士挺立不屈，最後倒台的是總統。報社超然獨立的立場獲得證明之後，顧客對這份報紙更是信任有加。

在某些方面來說，凱伊女士掌舵的前十年則有些問題。《華盛頓郵報》（和其他的許多報紙）究竟是由管理階層或工會當家作主，頗受質疑。西班牙式作風、人力過剩、薪資飛漲，意謂這家報紙並未發揮它的獲利潛力。《華盛頓郵報》的營業額有1億1,200萬美元，盈餘為1,050萬美元，而經營較為嚴謹的競爭者盈利可能多出五成（《華盛頓郵報》本身十年前就曾經如此）。公司股票上市也是個問題。華盛頓郵報公司有負債，而凱伊女士的家族還要支付龐大的遺產稅，這表示釋出部分股票募集資金是個明智的作法。她手中握有多數的Ａ股，這種股票擁有表決權。Ｂ股只有有限的投票權，但是價值一模一樣。這種股權結構在當時較為普遍，讓家族企業可以發行股票，又

不致失去控制權。不過，這套制度常遭濫用，持有Ａ股的股東可能享有不尋常的福利，而在管理工作上鬆懈，絲毫不用擔心股東反彈。華盛頓郵報公司倒是沒有自肥的情形，但是成本管理確實鬆散。

公司是否為股東創造價值？

華盛頓郵報公司擁有一流的媒體資產。儘管未充分發揮獲利能力，這家公司旗下企業都有重大的價值，即使是平庸的管理階層也能夠達成良好的報酬。該公司自1971年6月開始發行Ｂ股，其後一年半間發行量達到近兩倍。華盛頓郵報公司表現不錯，股東權益報酬率達到19％，幾乎篤定可以讓收益步步高升。

不過，1973年股價卻重挫一半。華盛頓郵報公司三大部門的體質狀況並沒有改變，可是美國股票市場崩盤。

重要資訊解讀

巴菲特與《華盛頓郵報》的關係

• 巴菲特在十三歲時搬到華盛頓，與擔任眾議員的父親同住。他曾經當過《華盛頓郵報》和另一份報紙的送報生，也推銷過雜誌。四年之間，他建立了五條派報路線，賺了5,000美元以上。這為他提供了最早的投資資金。

• 他的血液裡有報業的基因。巴菲特的父親初入社會時擔任過《內布拉斯加日報》（Daily Nebrasken）的編輯，外公曾經是一家小型周報的老板。

　　如前所述，巴菲特對《華盛頓郵報》知之甚深。就像美國運通、蓋可保險公司和可口可樂公司一樣，他投資的是往日熟悉的企業。不過，撇開華盛頓郵報公司不談，他早已對報業的潛力深感興趣。1973年時，他仍服膺於葛拉漢那套根據實質價值與帳面價值評估投資的教誨。1972年，曼格曾勸他合夥買下席思糖果公司，該公司是一家巧克力糖的製造與批發商。付出帳面價值三倍的價錢後，他開始發現經濟商譽的好處。一家只需少數資金而有良好成長前景的企業，若是價錢合理可能很有價值。席思公司的前景繫於產品與服務的品質。巴菲特發現，某些種類的企業掌握顧客的能力甚至更強。如果是不受限制的獨占事業就更理想了，只是這種例子很少。退而求其次，特許事業也可以，這類事業對顧客與供應商的定價比較強硬，但仍能夠擊退競爭者。

　　報業正符合這個條件。和英國有一些全國性的強勢大報的情況不同，美國是以地區性報紙為主流。每個城鎮都有自己的報紙。巴菲特自己曾學過教訓。波克夏公司最早的購買對象之一就是地方性報紙《歐瑪哈太陽報》。儘管這份報紙是個好產品，卻無法在不影響發行量的情況下提高定價。巴菲特曾作過如下統計：

日期	有日報的城市	有超過一家日報的城市
1910	1,207	689
1971	1,511	37

　　《歐瑪哈太陽報》在歐瑪哈排名第二，這是它在財務

上一個致命的弱點，因此後來它被賣掉了。巴菲特要的是一份在市場上居於龍頭地位的報紙。他的研究顯示，這樣的報紙很快就可以逐退競爭者。這將使其擁有決定售價的力量。讀者會養成依賴性，對定價升高不會太敏感。廣告客戶也逃不出掌握。電視台在實質上則是全國性的媒體，而電台的傳播力量又比較散漫。在地方報紙打廣告，鐵定可以傳達到相當高比率的家庭。沒有其他媒體能保證有同樣力量。

　　巴菲特後來研究出幾項工具來衡量報紙的傳播效果，一項是普及率，也就是在該區域內經常購買這份報紙的家戶比率；另一項是新聞占全部版面的比例。新聞比例高，報紙對讀者自然比較有吸引力，這又可以提升普及率，而普及率高則使報紙更能吸引廣告客戶。

　　說到這裡，我們對《華盛頓郵報》的競爭優勢所知不多，但可以確信的是巴菲特心裡有數。不過，該公司的年度財務報告包含一些有用的資料。《華盛頓郵報》沒有日報對手，但是有一份附帶周日版的晚報《華盛頓星報》（*Washington Star*），其發行量是《華盛頓郵報》的65％。《華盛頓星報》處境與《歐瑪哈太陽報》類似，不太可能擁有廣告費和報費的控制權。《華盛頓郵報》本身的發行量微幅增加，特別是在星期天，這也是對廣告業者最有吸引力的一天。報費上漲的速度超過通貨膨脹率。廣告行數也有成長，而每行的收入也快速增加。

新聞比例高，報紙對讀者自然比較有吸引力，又可以提升普及率，而普及率高則使報紙更能吸引廣告客戶。

　　華盛頓郵報公司很少公開旗下電視台的資料，但是他
們的廣告營收很可觀，其中70%來自全國性的廣告客戶。
對於想要把訊息傳達到全美國的全國性廣告客戶，電視已
經很快成為最重要的宣傳途徑，因為每年擁有電視的人不
斷增加，而且他們花在看電視的時間也越來越多。過去十
年來，擁有電視機的家庭已經增加了一倍。目前美國有三
大電視網，每家對加盟的地方電視台都依賴甚深。這些電
視台在所在的城鎮都享有幾近獨占的地位。一家媒體的收
視率有成長，又具有某種獨占性質，正具備巴菲特所想要
的那種特許事業的特質。

　　《新聞周刊》在市場上面臨較大競爭，特別是與《時
代雜誌》之間，但是巴菲特對於它的情況也很滿意。這份
周刊「被詳細閱讀」，也就是讀者對其中的內容有興趣。
它在發行上頗富彈性，會針對不同地區與人口分布狀況的
市場調整評論與廣告的內容，在國內如此，在國際上也越
來越能夠如此。這是因為讀者有九成是固定訂戶，也因此
讀者的種類能夠確定，這對廣告客戶相當有價值。

　　《新聞周刊》的發行量與廣告頁數每年都有成長。和
姐妹報一樣，它的廣告與發行收入也迅速增加，每年有
10%的成長。《新聞周刊》的市場占有率也緩慢成長。此
外，它有另一項吸引人之處，是華盛頓郵報公司旗下其他
企業所沒有的，就是「浮存金」。能夠預先賣出發行量九
成的雜誌，具有生產管理確定的好處。而且預先收到的訂
費也是可觀的現金。華盛頓郵報公司旗下的企業沒有一家
需要那麼多資金，但是《新聞周刊》確實是可以提供資金
的金母雞。

　　說到這裡，可能讓人覺得所有媒體資產都是金雞蛋。不過，其實只有在市場上居於主導地位的媒體才是如此。第二線的報紙實力就弱了，電台也是一樣。華盛頓郵報公司所擁有的那家電台，外界對其所知不多，它對總營收的貢獻似乎還不到一個百分點。電台的競爭相當激烈，因為廣播公司的數量未因經濟因素（像報紙）和法規因素（如電視台）而減少。

以下問題測驗你的了解程度

你知道大家為什麼買這家公司的產品嗎？

　　《華盛頓郵報》能賣得出去，是因為它是華盛頓居民了解這個城市與全世界的主要媒介。廣告客戶買版面，是因為很少有其他管道能夠確保讓這麼多本地居民得到訊息。電視台能夠賣出廣告時段，是因為企業如果要對全美國宣傳，沒有什麼其他的選擇。新聞雜誌能賣出廣告版面，是因為它能夠區分廣告客戶想列為對象的各種讀者群，讀者則能夠方便地得到權威的世界新聞。

未來十年這項產業會有什麼變化？

　　《華盛頓郵報》若能維持品質，可以增強它在華盛頓的領導地位，並得到更高的發行量與廣告收入。尼克森對電視台執照的威脅在1973年後已經消失，若是它們可以繼續換發執照（這通常只是個形式），則在全國性廣告支出中占的比重將日益增加，而且資金的需求很少。有線電視系統剛開始發展，但是開展業務所費不貲，普及率也很

低，但是仍然是個值得注意的可能威脅。《新聞周刊》在競爭激烈的市場上欣欣向榮。周刊市場仍將相當競爭，管理良好的知名周刊應該可以繼續成長。

你喜歡這家公司的管理階層嗎？

凱伊行事無私無畏，而且她身旁顯然有些能幹的管理人才。她在營運與資金方面的決定有些值得質疑，但是她控制的這些媒體資產地位穩固，而且還在擴張。

有無替代產品？

不看報紙，關掉電視，大家還是活得下去，但是不太可能這麼做。廣告客戶可能找到對消費者宣傳的其他途徑（如有線電視、ＤＭ和飛機噴字），但是主要報紙或是與大電視網結盟的電視台可能是第一選擇。《新聞周刊》有很多替代品，不過持續成長的忠實讀者群可能讓它得以生存——他們雖然可以找到替代品，但似乎偏好現在所擁有的這份周刊。

財務分析

華盛頓郵報公司出售Ｂ股後的情況：

項目	1973年	1972年
廣告	188.5	166.1
發行	54.6	47.4
其他	3.9	4.3
總營業額	246.9	217.8

（表接下頁）

項目	1973年	1972年
營運成本	（164.7）	（146.6）
行銷與行政費用	（53.0）	（46.3）
折舊與攤提	（3.6）	（3.1）
總成本	（221.3）	（196.0）
營業收益	25.7	21.8
淨利息	0.1	（1.7）
加盟台	1.0	0.5
其他	（0.2）	（0.4）
稅前收益	26.6	20.2
本期稅款	（10.6）	（7.5）
遞延稅款	（2.7）	（2.7）
總稅款準備金	（13.2）	（10.2）
淨收益	13.3	10.0

單位：百萬美元

注：1972年有一個小的特殊開支項目未列入

　　二十五年後，資產負債表更難取得，但是1972年的資產負債表可以大致重建如下：

1972年重整後的資產負債表

現金與投資	10	應付帳款	20
應收帳款	23	訂費	15
存貨	4		
土地廠房等	60	遞延稅款	12
商譽	67	長期負債	32
		股東基金	85

單位：百萬美元

資金來源

　　商譽未列入攤提是因為當時的會計法規並未作此規定。除了機械設備以外，公司的有形資產有限。受益於預先收到的訂費，營運資金是負數。還有小額的淨負債。華盛頓郵報公司的企業價值不能歸因於資產少或是訂費收入高，不過二者確實都有所助益。它的經濟商譽主要得自其產品對讀者、觀眾和廣告客戶的重要性。這點反映在它的財務紀錄、潛力和股東權益報酬率。

股東權益報酬率

　　我們可以由重建後的資產負債表與1973年的收益估計這家公司的股東權益報酬率。此時應考慮作兩項調整。第一是商譽，這大部分可能是從幾家電視台和《新聞周刊》取得。沒有連續的資產負債表，我們無法估計增值報酬率和克服計算商譽時的障礙。比較保險的作法是維持所列的商譽不變。由於它未經攤提，因此也不必要做其他的調整。第二項是稅款。除了對經常收益所課徵的稅款外，華盛頓郵報公司的收入中還列入了遞延稅款。帳目的註解顯示，遞延稅款主要是列為成本而扣除的訂費，這些訂費是為節稅而扣除，但未列在當年的收入中。這些成本如果減

華盛頓郵報公司的企業價值不能歸因於資產少或是訂費收入高，不過二者確實都有所助益。它的經濟商譽主要得自其產品對讀者、觀眾和廣告客戶的重要性。這點反映在它的財務紀錄、潛力和股東權益報酬率。

少時，遞延稅款將成爲應付款。事實上，由於訂戶數逐漸
成長，訂費也會持續增加。多年以後，若必須支付這些
1973年的稅款，通貨膨脹將使其實質金額變得微不足道。
現金流量證明，近年來實際支付的稅款並未超過總稅款準
備金。因此，淨收益只扣除經常稅款而不扣除遞延稅款應
該是合理的。我們對股東權益報酬率的粗略估算如下：

$$\frac{1,600萬美元（1973年扣除經常稅款後的淨收益）}{8,300萬美元（1972年的股東權益）} = 19\%$$

華盛頓郵報公司價值多少？

該公司實質價值爲：

$$\frac{1,600萬美元}{(10\%)^2} \times 19\% = 3億400萬$$

這種算法難免粗糙了些，堪告慰的是據我們所知，
1973年時巴菲特並未用股東權益報酬率決定這項投資。那
次他很難得的借用外界的意見來證明他估計的價值。他說
這是個簡單的投資決定——任何銀行家、分析師、媒體經
紀人和投資人都知道，華盛頓郵報公司當時至少價值4億
美元。這種說法對於不是專研媒體的人用處不大，但是巴
菲特後來以數字做了說明。

當時許多人都認爲，第一流媒體企業的獲利可以永遠
以每年大約6％的幅度增加，而且不必再投入額外的資
金；這意謂盈餘等於自由現金流量。若盈餘持續以每年

6%的速度增加，有一套無可質疑的公式可以估算其價值：

$$實質價值 = \frac{盈餘}{(10\% - 6\%)} = 25 \times 盈餘$$

注：公式中的10%是折現率，6%是永遠的成長率。

以華盛頓郵報公司的1,600萬美元盈餘為基礎計算，該公司價值為4億美元。

巴菲特採取的投資策略

1973年對美國股市是個壞年頭。股價平均跌了大約20%，而包括媒體在內的產業股價跌得更凶。波克夏利用這個機會以1,060萬美元，買進華盛頓郵報公司 B 類股票46萬7,150股，平均每股22.69美元。考量兩種類股的數量以及發行在外的大量股票選擇權，該公司約等於有480萬股普通股流通在外。因此波克夏公司取得了這家公司10%左右的股權，而以股價計算該公司當時的總值為1億900萬美元。根據巴菲特估計的價值：

$$安全邊際 = \frac{(4億美元 - 1億900萬美元)}{4億美元} = 73\%$$

即使依我們較低的估價3億400萬美元計算，安全邊際也有64%。

後續發展

　　儘管巴菲特在蓋可公司很有影響力，而且成為一些投資對象的董事，但華盛頓郵報公司可能是他最有影響力的一家公司。他和凱伊‧格拉翰成了好友，也和她的兒子唐‧格拉翰（Don Graham）交往密切，後者如今是公司的董事長兼總裁。他發揮影響力的第一個跡象是華盛頓郵報公司開始買回自家股票，此事在1975年開始積極進行。

　　凱伊女士在1975年卯上了工會。四個半月的罷工最後以新的勞資協議解決。罷工期間報紙繼續發行，但縮減版面，並動用其他編輯人員和印刷廠。廣告行數短暫下滑，但發行量幾乎未受任何影響，證明了它的特殊地位。1976年的盈餘出現可觀的反彈。未攤提商譽的稅後收益跳升到2,800萬美元，比1973年增加了73%。

　　在波克夏公司投資後的二十五年中，華盛頓郵報公司旗下的報紙、雜誌與電視台部門又有些購併動作。華盛頓郵報公司也擁有幾家有線電視公司、一家網路資訊服務公司和一些其他的新企業。在美國的大型媒體業者中，該公司可能是購併與多角化最少的一家。該公司大部分的閒置現金都用來償付債務與買回股票。《華盛頓郵報》平日的發行量逐漸增加，星期日更大幅增加。報費與廣告費率持續上揚，但其他許多方面沒有什麼改變。

　　公司的收入整體而言仍然以廣告與發行為主。自1973年以來，廣告收入以每年8%的幅度成長，而發行收入則以每年10%的速度成長。商譽攤提前的營業收益以每年12%的幅度增加，這顯示毛利改善，而純益則因債務減少

而以每年13%的幅度增加。如今流通的股票有1,100萬股普通股，遠多於1973年時的480萬股，但如此明顯的增加是因為股票分割的關係。期間公司雖然曾數次發行新股，但透過買回股票，已使得流通在外的股票大為減少，如今與1973年相比發行在外的股票大約少了40%以上。也因此每股獲利以每年16%的複利成長。

巴菲特與曼格如今對媒體業的看法更為樂觀，特別是報紙。他們有了自己的報紙，在1977年以3,300萬美元買下《水牛城新聞報》(*Buffalo News*)，該報當年就賺了3,300萬美元。雖然這類企業仍然有超卓的經濟條件，例如資金的消耗少，而且擁有忠實的讀者，但是他們所享有的優勢已經減少。如今大家花在看電視的時間越來越多，這個市場的競爭也越來越激烈。巴菲特與曼格接受這種情況，他們是忠實的投資人，宣布永遠不會出售華盛頓郵報公司的股權。

華盛頓郵報公司在1997年淨賺了3億1,500萬美元，在該年底，波克夏公司原來投資的1,060萬美元已經增值為8億4,100萬美元，扣除股利不算，相當於每年以19%的複利成長。

練習題

(1)1997年底股東權益為11億8,400萬美元。這項投資的全部期間的增值報酬率是多少？答案有沒有意義？

(2)如果公司旗下所有企業現在發生六個月的罷工，損失了1億美元，但是未產生長期的問題，它的價值會有何

改變？

進一步討論的問題

(3)巴菲特認為報紙的經濟條件在過去二十年已經變弱，你認為原因何在？

(4)目前有哪些媒體是獨占事業？

18 富國銀行

　　波克夏在1989年和1990年買進500萬股富國銀行
（Wells Fargo & Company）普通股，共花費2億8,940萬美
元。1992年和1993年，波克夏以1億3,430萬美元再買進
179萬1,218股，1996年以7,410萬美元再買進50萬200股。

年份	購買股數	持股總數	該年購股成本 （百萬美元）	總成本 （百萬美元）	該年每股成本 （美元）	每股平均成本 （美元）
1989-90	5,000,000	5,000,000	289.4	289.4	57.89	57.89
1991	0	5,000,000	0	289.4		57.89
1992	1,358,418	6,358,418	91.6	381.0	67.43	59.92
1993	432,800	6,791,218	42.7	423.7	98.66	62.39
1994	0	6,791,218	0	423.7		62.39
1995	0	6,791,218	0	423.7		62.39
1996	500,200	7,291,418	74.1	497.8	148.14	68.27

公司沿革

　　富國是美國商業界最知名的業者之一。1850年代以驛
馬車運輸聞名，但20世紀初期結束這項業務，轉而經營賺
錢的銀行業，總部設在舊金山。有意思的是，富國和波克

夏另一個投資標的有關係，因爲富國的創辦人威爾斯和法
戈，曾在美國運通創立初期擔任主管。

　　從國際標準看，美國銀行業的結構以區域性銀行爲
主，銀行以及儲蓄、借貸、信用貸款機構的數量龐大。和
許多銀行一樣，富國藉由購併同一州的對手而擴張，1980
年代買下加州柯巴氏銀行（Crocker and Barclays Califor-
nia），版圖達到頂點。

1989年和1990年的富國

　　1989年時，富國已被認爲是美國管理最好的銀行，不
但有良好而創新的服務，也能壓低成本。它首開新穎周到
的客戶服務，延長營業時間，提款機、電話語音和網路銀
行服務領先同業。另一方面，它控制人事免於膨脹，使得
成本—收入比率和資產報酬率在銀行業名列前茅。

$$資產報酬率 = \frac{淨收益}{平均總資產}$$

　　1990年，加州經濟開始衰退。南加州更受到「和平股
利」的衝擊。冷戰結束，使得美國在國防和航太的支出減
少，而這兩項是加州最大的產業。雖然富國的財務尙未反
映這種效應，但無可避免受到加州景氣或消費衰退的影
響。富國的股價隨即重挫30%到40%之間。

公司是否為顧客創造價值？

　　富國曾進行幾項購併，但它本身的成長也很快。由於

提供更便利的服務，它的客戶數目增加。富國推出更多和退休金以及股票有關的存款產品，因此吸引到客戶更多的存款。在商業貸款方面，富國著重放款給大型企業、融資比例高的購併案和房地產開發。有些業務後來虧損，但整體而言，業務項目較單純、成本低，讓富國能夠賺錢。

管理階層是否為公司創造價值？

　　巴菲特認為，富國的總裁芮察德（Carl Reichardt）和董事長赫桑（Paul Hazen），是美國銀行業最優秀的經營團隊。巴菲特曾說，他們兩人讓他想起首都傳播公司的莫菲和柏克，這兩家是他歷來最滿意的經營團隊。芮察德和赫桑很能幹，也合作無間。他們堅守專長領域，不從事超出管理能力和了解範圍的其他業務。同時，他們致力從各方面降低成本，符合巴菲特的理念。對大多數銀行而言，人事費用是利息之外最大的開支，必須嚴格控制，可是拓展非傳統的服務管道，例如電話語音服務，能讓營業額增加，但不會使傳統分行的成本增加。1984年到1989年六年期間，淨利息收入以每年15%的複利成長，非利息收入每年成長24%，但非利息的支出每年只增加12%。事實上，成本管理在富國的重要性超過首都傳播傳播公司。電視台有獨占的性質，但在銀行業很少人能獨占市場。利率、放款政策和大部分服務是公開的，同業可以模仿。和蓋可保

南加州更受到「和平股利」的衝擊。冷戰結束，使得美國在國防和航太的支出減少，而這兩項是加州最大的產業。

險公司的情形一樣，戰勝對手的最佳策略就是保持成本優
勢。

公司是否為股東創造價值？

　　銀行業的表現有週期循環。有時候，銀行的業績隨國
內景氣情況而起伏，有時候則因爲本身因素出問題。富國
大致能避開陷阱，因爲它專心經營熟悉的少數市場。1987
年富國因外國借貸出現鉅額虧損，但從未像紐約的銀行一
樣，會因開發程度較低國家的債務而面臨嚴重威脅。富國
在許多方面都優於同業，因爲它的成本低，資產報酬率
高，而且能提供多樣的付費服務；它的股東權益報酬率也
很突出。由於加州的經濟開始走下坡，股市察覺到富國面
臨危險的反應是正確的。問題是，市場是否反應過度。

重要資訊解讀

　　巴菲特不喜歡銀行業。除了市場競爭激烈以及容易發
生問題，銀行業本身就是高風險的行業。要了解箇中原
因，我們必須分別探討銀行的獲利來源。銀行能夠賺錢，
是因爲它以某一價格吸收存款，然後以更高的價格把這筆
錢對外放款，另外，它根據提供的金融服務收取手續費。
這三項表面上是獨立的業務，實則息息相關。如果銀行不

> 富國大致能避開陷阱，因爲它專心經營熟悉的少數市
> 場。1987年富國因外國借貸出現鉅額虧損，但從未像紐
> 約的銀行一樣，會因開發程度較低國家的債務而面臨嚴
> 重威脅。

能借錢給人，可能無法吸引到客戶，而沒有客戶，自然就
沒有手續費可賺（有些銀行只提供諮詢和其他服務就能賺
錢，但這算是不同的產業）。爲吸收存款付出的利息和放
款所得利息之間的差額，就是銀行的淨利息收入，通常也
是銀行的主要獲利來源。以個人儲蓄爲主的客戶存款就是
銀行的借款，只是名稱不同。一般銀行的借款，會是股本
的10到20倍。大部分存戶有政府的存款保險保障，因此不
擔心這種風險。

　　對銀行的股東而言，這樣的過程有利可圖，因爲銀行
向存戶借款的利率，低於其他管道。不過，銀行還是有出
差錯的風險。例如：

項目	1996年	1997年
放款抵押資產（擔保品）	100	95
存款	95	95
股東權益	5	0

單位：百萬美元

　　放款的抵押資產只要有5%出問題，銀行就會周轉不
靈。銀行藉由謹愼核貸以及分散風險因應，可是稍後我們
會說明，即使是管理良好的銀行，也會因爲金額不大的資
產問題而出現嚴重危機。

　　波克夏曾小幅投資在銀行業（甚至本身還擁有一家銀
行，直到主管單位要求它賣掉），但除了最傑出的銀行
外，波克夏再投資於銀行業的可能性不大。

以下問題測驗你的了解程度

你知道大家為什麼買這家公司的產品嗎？

　　銀行是經濟中不可或缺的成分，但也可說是必要的惡。近一個世紀的時間，銀行家在美國名聲狼藉。他們在不景氣時抽緊銀根，景氣好時很大方，因而遭到批評。大型企業和政府的規模和可信度已超越銀行，可是民眾和大部分企業的資金，主要還是由銀行吸收。

未來十年這項產業會有什麼變化？

　　銀行業面臨來自各方面的壓力。即使是中型企業，也能利用商業票據或公司債參與資金市場。選擇熟悉而便利的銀行貸款人，可以要求優惠利率。在吸收存款方面，競爭更是慘烈。不過十幾年，貨幣市場基金就從存款市場抽走5,000億美元左右。這些共同基金的操作成本低，也不需要投保。最後，銀行業仍和零售業一樣競爭激烈，同時還必須因應新的行銷通路挑戰──就像郵購、平價商店和大賣場已經改變零售商的經營方式。

你喜歡這家公司的管理階層嗎？

　　如果要投資於銀行業，你必須選擇主管兼具能力和誠信，而且堅守本業的銀行，而芮察德和赫桑正具備這些條件。一家企業是否有競爭力的另一個條件是，能否以低成本運作。富國一直設法減少支出。1989年富國的成本─收益比達61%，資產報酬率1.26%，在全球名列前茅。

有無替代產品？

　　個人客戶和小型企業不會冒然更換主要往來銀行。不過，加州的民眾或企業有很多家銀行可以挑選，況且還有共同基金和資金市場可以選擇。

財務分析

1988年和1989年資產負債表

現金	29	借款和存款	432
證券	17	其他	8
放款	410	附屬負債	18
其他	31	優先股	4
		股東權益	25

單位：億美元

　　富國的財務從帳面上看起來很健全。衡量銀行的體質，要看資金準備是否充裕，亦即資金對資產的比率，這裡資產的風險已列入計算。聯邦準備理事會規定，銀行的資產至少4%須有股東資金作擔保，8%須有股東資金和其他長期負債擔保，包括附屬負債和優先股。富國這兩項擔保的比率分別是5%和10%，遠超過法規底線。可是，我們前面說過，5%、甚至10%的資金，也無法彌補放款的虧損；如果放款出現6%虧損，25億美元的股東權益會化為烏有。

　　預期中的加州景氣衰退，對富國的衝擊會多大？下表是富國的放款類別：

項目	1989年	1988年
商業	145	131
房屋興建	41	44
首次購屋抵押貸款	76	51
其他房地產貸款抵押貸款	6	55
房地產貸款總額	136	106
信用卡	25	21
其他循環信用	6	6
每月分期付款	13	14
二胎房貸	39	34
消費貸款總額	84	75
租賃融資	11	14
外國放款	1	6
總計	417	377

單位：億美元

　　417億美元的放款中，房地產貸款占136億（33％），比例並不足慮，因為許多銀行超過這個比例，有的銀行甚至只承做房地產貸款。不過，二胎房貸也應計入房地產貸款。另外，商業貸款中，有17億是貸給房地產開發商。因此，房地產貸款會占所有放款的46％。房屋興建貸款占房地產貸款的比重（30％），或許更值得重視。這個比例和其他商業銀行比起來偏高。雖然1989年的房屋興建貸款低於1988年，這其實是做帳的結果。房屋興建貸款的風險可能很高，在不景氣時，會第一個出問題，情況也會最嚴

重。

1988年和1989年收益表

項目	1989年	1988年
利息收益	4,870	4,178
利息支出	（2,712）	（2,205）
淨利息收益	2,159	1,972
放款虧損準備金	（362）	（300）
非利息收益	779	682
非利息支出	（1,575）	（1,519）
稅前收益	1,001	835
稅賦	（400）	（323）
扣除稅賦和優先股利的收益	574	487

單位：百萬美元

　　以上數字證明淨利息收益對銀行的重要性，即使是擁有許多手續費和投資服務收益的銀行。雖然比較淨收益和資產後，看得出來資產報酬率很高，這些數字無法顯示放款虧損準備金可能變化很大。平時，銀行的收益表會像上面的表一樣。可是不景氣或景氣繁榮時，放款虧損準備金就有很大落差。銀行實際發生多少虧損或準備金高出多少，是另一回事。放款虧損準備金應該是景氣週期之中，可能出現的虧損的平均預估值。在實務上，大部分銀行的預估不是太樂觀就是太悲觀，因此虧損準備金和實際需要差距很大。1988年和1989年的準備金，分別占放款的0.8%和0.9%，比例很正常。不過，1987年的準備金比例

達2.4%，後來實際虧損接近這個比例。當時的虧損大幅增加，肇因於對開發程度較低國家的不良貸款，這種情形不會再出現（富國已停止這種業務）。可是，其他放款項目也可能引爆問題。有些放款是以運用槓桿原理的購併案為主，總額有42億美元。最令人擔心的還是房地產貸款。

資金來源

客戶的存款，讓銀行得到成本低廉的資金。富國擁有69億美元零利息的資金，其餘資金以低於銀行拆款利率0到5個百分點的利率吸收到。富國1989年的資金平均成本利率是5.7%，而它的平均放款利率為11.4%。放款繼續帶來獲利，成本利率和放款利率的差距才有意義。放款的虧損會壓低資產和資金報酬率，也可能打擊客戶信心，導致擠兌。

股東權益報酬率

對於銀行來說，1.26%的資產報酬率很高，可是其他產業如果有這樣的報酬率就會倒閉。和所有投資一樣，我們關心的是股東權益報酬率。因為槓桿原理，低資產報酬率會變成高股東權益報酬率。富國1989年的負債是股東權益的18倍，它的股東權益報酬率為：

$$\frac{5億7,400萬（1989年扣除優先股股利後的淨收益）}{23億1,500萬（1988至1989年普通股平均股東權益）} = 25\%$$

增值報酬率略高於股東權益報酬率爲：

$$\frac{5億7,400萬（1989年淨收益）-4億8,700萬（1988年淨收益）}{24億5,600萬（1989年普通股股東權益）-21億7,400萬（1988年普通股股東權益）}=31\%$$

富國價值多少？

根據增值報酬率，實質價值爲：

$$\frac{5億7,400萬}{（10\%）^2}×31\%=178億$$

若根據股東權益報酬率的話，實質價值爲：

$$\frac{5億7,400萬}{（10\%）^2}×25\%=144億$$

大多數銀行的股東權益報酬率遠低於這個數字。一般的銀行和企業，重新投資的資金長期或許可以獲得10%到12%的報酬率，因此合理的實質價值約爲獲利的10倍左右。可是，因爲財務槓桿的關係，銀行的投資人面臨很大風險。

巴菲特第一次買進富國股票時在文章中提到，富國有三項風險。首先，加州可能發生大地震，使當地經濟癱瘓和銀行倒閉。或者，景氣即將衰退的恐慌心態，可能造成存戶退出加州的金融機構，銀行不管好壞都會遭殃。他認

為這兩種情況的可能性不大。最後，他承認富國大舉從事
房地產貸款，會受地價或土地需求下跌影響。巴菲特對第
三項風險並不憂慮。1989年，富國的稅前盈餘是10億美
元，扣除稅賦和放款虧損準備金之前的盈餘為14億美元。
如果放款總額的10%（約42億美元）出問題會如何？每一
種類的放款必須損失30%的本金（13億），才會使富國虧
損。

　　這樣的可能性多大？42億是房地產貸款總額的31%，
除非富國的核貸浮濫，或者加州經濟一落千丈，這樣的預
測不合理。同樣的，有抵押的放款要虧損30%的本金並不
容易，除非放款是完全根據投機。富國積極從事房地產放
款，但沒有核貸浮濫或投機的不良紀錄。巴菲特相信，即
使富國某一年度沒賺沒虧，也會在景氣正常的時期，恢復
高股東權益報酬率，就像它停止貸款給開發中國家之後一
樣。

巴菲特採取的投資策略

　　1990年的銀行股表現慘澹，因此這一年是投資銀行股
的絕佳年度。富國的單季獲利仍然亮麗，可是其他銀行開
始出現虧損，所有銀行類股都下挫。奇怪的是，富國的股

　　巴菲特第一次買進富國股票時在文章中說，富國有三項
風險。首先，加州可能發生大地震，使當地經濟癱瘓和
銀行倒閉。或者，景氣即將衰退的恐慌心態，可能造成
存戶退出加州的金融機構，銀行不管好壞都會遭殃。他
認為這兩種情況的可能性不大。

價在這之前就已經很便宜。1989年5億7,400萬美元的淨收益，等於每股獲利11美元。根據該年度單季獲利報告的累積結果，這種數字應該早在預料之內。可是那一年富國的股價在59和87美元之間震盪，也就是本益比在5.4到7.9倍之間。波克夏在1989年和1990年買進的平均價格是58美元。

　　波克夏主要是在1990年市場出現恐慌心理後買進富國。那個時候，1990年全年的預測已經呼之欲出，理由是房地產貸款的虧損準備金金額會很大，但沒有倒閉的威脅，以後的虧損準備金會回到正常。和前一年度比較，富國1990年的資產增加，帳面價值更高，單季獲利增加。

　　1990年的每股獲利是預料範圍內的13.4美元，因此，波克夏的平均買進價格58美元，代表本益比4.3倍。以58美元計算，波克夏持股價值30億美元。採用比較保守的1989年獲利數字和較低的股東權益報酬率，計算出的安全邊際是：

$$安全邊際 = \frac{144億 - 30億}{144億} = 79\%$$

　　總之，富國倒閉的機率不高。樂觀的說，如果富國撐過來而且表現超越普通銀行，則假設實質價值能變成獲利的10倍，也就是60到70億美元之間，安全邊際可達50%。如果長期表現可以和預期一樣超越同業，安全邊際可高達79%，即投資1塊錢，可拿回5塊錢。

後續發展

項目	1990年	1991年	1992年	1993年
放款	470	430	360	320
資產	540	520	510	510
淨利息收益	23	25	27	27
放款虧損準備金	（3）	（13）	（12）	（6）
其他收益	9	9	11	11
其他支出	（17）	（20）	（20）	（22）
淨收益	7	0	2	6
流通在外股數（百萬）	530	520	530	560
每股獲利（美元）	134	0	44	99
資產報酬率（%）	14	0	5	12
股東權益報酬率（%）	263	0	79	167

單位：億美元

　　南加州景氣衰退的憂慮果然成真，使得企業倒閉、房屋興建停擺。從信用卡呆帳到房屋扣押，不景氣的效應很明顯。一如預期，受創最重的是房地產開發商。富國的帳目也顯示，大型企業和運用財務槓桿的企業，受到的衝擊特別嚴重，而富國對它們的放款很多。富國的虧損準備金高於巴菲特的預期大約2倍。1993年底，放款虧損達到放款總額的6.4%；1990年的比例是1.8%。

　　可是，波克夏1992年和1993年繼續投資富國股票，而且價格高於1989年和1990年的買進價格。巴菲特認為，富

國不會倒閉。雖然富國的管理階層在1992年增加虧損準備金，可是(1)金額在負擔範圍內，(2)它是根據較高的收入訂定，(3)符合情勢所需。雖然股東權益報酬率降低，但基本面實際上正在好轉。法定的資本比率此時已提高不少。前頁的表顯示，富國的資產略減，但放款總金額大幅減少。這是因為，富國主管立刻減少對房地產開發商和大型企業的放款。富國把盈餘暫時投資於高收益證券。此時利率降低，有利景氣復甦和債券投資組合。由於景氣回升使中小企業和消費者增加，富國主管計畫逐漸再把資金用於放款。非利息收入增加，原因是主管一直設法以低成本方式（自動提款機、代收業務、電子銀行服務）吸收客戶，再加上手續費調高，證券服務業務大幅成長——富國管理或提供諮詢的資產，超過資產負債表上的資產。持續控制成本的功勞也不小。觀察開支的各個項目後可發現一個現象——薪資支出隨通膨增加，可是其他項目毫無增加。

以上情況有助富國在景氣恢復後的獲利能力提高。觀察放款的虧損，很容易就能得到這個結論。除了虧損嚴重的年度，放款虧損準備金的比率很少超過0.7%。把這個比率加到1993年的收益表，那一年的淨收益會是8億美元，股東權益報酬率約23%，實質價值184億美元，等於每股330美元。波克夏1992年和1993年以67和99美元價位買進，享有70%到80%的折現率。即使你對富國存疑，也擔心它會倒閉，仍可以在危機過後很久，以相當多的折價買進。就算保守的假設以99美元買進，1993年的本益比也只有10倍。

項目	1994年	1995年	1996年	1997年
放款	360	350	640	640
資產	520	490	1,090	970
淨利息收益	26	27	55	46
放款虧損準備金	（2）	—	（1）	（6）
其他收益	12	12	22	27
其他支出	（22）	（21）	（40）	（36）
淨收益	8	1	17	20
流通在外股數（百萬）	540	490	830	890
每股獲利（美元）	148	200	200	219
資產報酬率（％）	15	20	18	19
股東權益報酬率（％）	225	249	151	145

單位：億美元

　　1994年和1995年的股東權益報酬率如預期中增加，這要歸功於房地產放款增加、持續的控制成本和放款虧損準備金少。由於積極買回股票，每股獲利成長速度較快；低迷的股價有助於富國買回股票。

　　1996年初，富國以交換110億美元股票的方式，買下規模幾乎相同的加州同業第一聯美銀行（First Interstate）。富國有機會經由裁併分行等方式整合加州的資源，但經營團隊未能把握機會。節省8億美元成本的目標沒有達成。更讓人擔心的是，一連串的電腦和人為作業疏失，導致存款入錯帳之類的錯誤。其他銀行趁富國出問題和裁併分行的時候搶客戶，因此合併第一聯美後的富國很快就流失客戶。

最近的跡象顯示，客戶流失的情形已經穩定下來。

雖然近年來出現上述疏失，1990年至1992年的黑暗期過後，富國的股價飆漲。1997年底，平均每股價格已達339美元；波克夏平均買進價格為68美元，扣除股利不計，波克夏的投資以每年28%的複利增值。

波克夏1997年小幅調整投資標的，包括賣出富國持股的8%。賣掉這8%股票後，波克夏已收回購買富國股票40%以上的成本。

練習題

(1)如果1989年底時存戶失去信心，富國可能必須增加股本。假設該銀行以每股58美元增資5億美元，對實質價值有何影響？

(2)假設你在此時出脫富國股票，會虧損多少？

進一步討論的問題

(3)存戶喪失信心，對銀行的衝擊為何這麼大？存款保險為何不能降低這種風險？

(4)計算你投資的銀行股的資產報酬率和股東權益報酬率。

練習題解答

第12章 美國運通公司

(1)旅行支票的浮存金是48億美元。如果這個負債消失，股東權益必須增加48億美元，成爲111億美元。

(2)12億美元的淨收益不受影響，因此股東權益報酬率：

$$\frac{12億}{111億} = 10.8\%$$

(3)

$$12億 \times \frac{10.8}{(10\%)^2} = 130億$$

(4)由於1994年的市值爲157億，投資人不太可能會進一步投資。

第13章 可口可樂公司

(1)

年度	淨收入	股東權益	股東權益報酬率（％）
1985	9,430	59,580	
1986	11,490	70,300	17.7
1987	13,360	64,480	19.8

單位：億美元

(2)1985年至1986年的增值報酬率大約和1987年的股東權益報酬率相同，實質價值可能為：

$$13億3,600萬 \times \frac{19.8\%}{(10\%)^2} = 260億$$

(3)跨足分裝作業顯然會，也必定會降低股東權益報酬率。260億的實質價值，會使本益比成為19﹒8倍。可口可樂1998年初的本益比是17倍，因此安全邊際很小。要擁有50%的安全邊際，股價必須下跌約40%。

第14章 蓋可保險公司

(1)最優先的答案是，在保費收入相同的情況下，綜合成本率愈低盈餘愈多。

(2)綜合成本率低，代表一家保險公司具備能繼續承保

同業無法獲利的條件。對於保險業之類受景氣循環影響的產業，這是特別的優勢。保費收入減少或短期間虧損大增時，綜合成本率低的業者可以繼續承保，因而能增加獲利和市場占有率。

(3)本章說過，低於100的綜合成本率代表浮存金不需成本。這意謂企業很少需要消耗資金，在商業上是很難得的優勢。

第15章 吉列公司

(1)做帳方法不會影響實質價值，因為它不會影響現金。如果吉列改變做帳政策，其價值不會增加，也不會減少。實際效應是增加收入和股東權益，因此增值報酬率也不會改變。

(2)銷售額5%的現金結餘，會使1988年的稅前收益增加1億7,900萬美元，按照當時稅率計算，稅後收益會增加1億700萬美元，使淨收益增為3億7,600萬美元。本章假設增值報酬率是24%。淨收益增加40%，會產生34%的增值報酬率。

第16章 迪士尼公司

(1)巴菲特1966年以400萬美元買下迪士尼5%的股權，因此迪士尼當年的價值是8,000萬美元。1995年迪士尼有5億2,500萬股，每股58美元，等於公司價值305億美元。這代表該公司股票以每年22%的複利增值。這樣的報酬率很

高，可是波克夏股票的表現更突出。

(2)以每年22%的複利增值，72年後的價值會是第一年的165萬1,611倍。1995年305億美元的公司價值，除以165萬1,611，等於1932年的價值是1萬8,467美元。在實務上，股利對計算出來的結果影響很大。

第17章 華盛頓郵報公司

(1)增值報酬率為：

$$\frac{3億1,500萬（1997年淨收益）-1,300萬（1973年淨收益）}{11億8,400萬（1997年股東權益）-8,500萬（1972年股東權益）} = 27.5\%$$

這樣的結果意義不大，因為1972年的數字太小，不會造成影響——這個公式算出來的其實是目前的股東權益報酬率。計算增值報酬率最適合的間隔不要太長。

(2)巴菲特把這種短期問題比喻為遺失的股利：股東遺失股利，除此之外，公司的價值沒有變化。因此，《華盛頓郵報》歷年來的價值會減少1億美元。

第18章 富國銀行

(1)股東權益報酬率是25%。我們假設富國可以從新的股本獲得相同比率的報酬，那麼增資5億會使收益增加1億2,500萬美元，1989年淨收益變成6億9,900萬美元。根據相

同的股東權益報酬率計算，實質價值會成為175億美元。

　　(2)富國目前市場資本31億美元（5,300萬流通在外股數乘以58美元）。增資5億等於出售合併後的16.3%股份，這些股份的實質價值是28億美元（175億的16.3%）。賣出股票的股東總共會損失23億美元，這個數字是成本和價值之間的差額。

財訊出版社圖書目錄

地址：北市南京東路一段52號7樓
電話：(02)2511-1107
傳真：(02)2536-5836
郵撥帳號：11539610　財訊出版社

◆投資理財系列◆

(1)點線賺錢術：技術分析詳解
鄭超文◎編著　定價：420元
以介紹各種股票投資的技術分析技巧為主，內容包括五大部分：①基本圖形理論；②量價關係與移動平均線；③各種技術指標工具；④波浪理論；⑤投資策略與觀念。

(2)發達之路：創業新貴致勝秘訣
周國偉等◎著　定價：200元
集結《財訊》月刊創業報導，深入剖析創業新貴的成功關鍵。全書共分為三篇：①創業實戰篇；②成功創業人物篇；③女性創業篇。

(3)戰勝指數期貨：如何投資指數期貨
鄭超文、廖玉完◎著　定價：250元
股價指數期貨是台灣新興的金融商品，不僅提供投資人投資股票市場的全新選擇，也是從事股票交易時最好的避險工具。本書詳細介紹各種股價指數期貨交易的歷史與現況，可做為有意進軍台灣股價指數期貨交易市場的有力參考。

(4)當沖高手：短線操作必勝秘笈
傑克・伯恩斯坦◎著　褚耐安◎譯　定價：285元
當日沖銷技巧的經典著作，內容包括：①如何開始當日沖銷；②如何分析移動平均線、KD值、跳空缺口；③如何利用RSI、動能指標；④如何利用傳統圖表分析，補強當沖結果的研判；⑤如何運用始價、終價分析於各個交投活絡的市場；⑥如何利用季節形態、轉折點分析，來捕捉大行情的出現。

(5)散戶兵法：十種超越大盤的選股策略
理查・考克◎著　陳重亨◎譯　定價：300元
提供十種超越大盤的選股策略；針對不同個性的投資人會有不同的投資股票策略，本書設計出一套心理測驗，讓投資人找到最適合自己的投資方法，讓投資人可以輕鬆地在股票市場獲利。十種投資策略包括：常勝將軍法、支持贏家法、專長投資法、盈餘加速法、外部資訊法、潛力企業法、價值投資法、新興市場投資法、信託基金資本型受益憑證、認股權證。

⑹征服股海
彼得・林區◎著　郭淑娟、陳重亭◎譯　定價：360元

若想明天比今天更富有，就得把一大部分財產投入股市。傳奇的股票大師彼得・林區，累積十多年投資經驗告訴投資人：投資股票才是長期贏家；散戶比股票專家更能發揮本身優勢。內容包括：①解釋共同基金的投資策略；②如何進行選股策略；③說明散戶投資人如何利用本身優勢戰勝投資專家。

⑺台灣投資戰略：決策、風險評估與實務
張忠本◎著　定價：280元

中華開發是台灣最大的投資機構，作者張忠本任職投資部主管期間，總共投資112億元，創造已實現及未實現利益約200億元。本書結合投資理論及作者實務經驗，詳細而周延地闡明：• 如何選擇產業標的• 如何評估投資環境的影響• 市場風險、技術風險、財務風險如何考量• 選擇投資對象的準則

⑻中國概念投資總覽：中概股、A股、B股、H股、紅籌股投資策略
楊銘◎著　定價：320元

《中國概念投資總覽》詳盡導覽大中華股市，從上海、深圳、香港，到台灣中國概念股，內容包括買賣方式及投資管道、投資策略，乃至個股精選。

⑼英國投資大師
詹姆士・摩頓◎著　徐仲秋、蕭美惠◎譯　定價：360元

本書安排了12位英國倫敦金融區的傳奇投資大師做訪談，他們至少都擁有連續10年以上的優異表現紀錄。訪談內容包括其投資哲學、選股策略、市場分析經驗、國際經濟到各種金融工具交叉應用等等。

⑽台股指數期貨：投資策略與實戰技巧
陳海騰、李子建◎著　定價：250元

本書揚棄傳統期貨書籍從西文書翻譯的方式，直接切入本土期貨市場的操作習慣與交易方式，進一步引進交易策略，強調實用的交易策略與實戰技巧，是投資人參與台股指數期貨交易的絕佳教戰手冊。

⑾股市心理學
約翰・史考特、珍・阿貝特◎著　齊思賢◎譯　定價：240元

你可能精研技術分析與基本分析，但總覺得在股票市場無法稱心如意，關鍵在於你無法控制投資過程中的各種情緒與心理反應；買進或賣出時猶豫不決，擔心買高賣低；在多頭市場時，無法克制追漲的誘惑；面對空頭市場，耐不住恐懼殺到最低等，結果造成許多錯誤的決定。本書在技術分析與基本分析之外，告訴您如何控制自己的情緒，如何運用自己的性格特質。

⑿選股戰將：美國頂尖基金經理人現身說法
佛列德・佛萊雷◎著　陳重亭◎譯　定價：280元

25位美國當今最頂尖的基金經理人，一手打造全美最強勢的基金，他們經歷各種空頭、多頭的淬礪，使得他們的名字益發閃亮耀眼。究竟什麼樣的智慧和堅持，

才禁得起千錘百鍊？他們如何評估一家上市公司？如何選擇適當的進場時點？透過本書作者的訪談問答，讀者可以詳細領會這些頂尖專家的策略佈局，了解他們成功投資的關鍵為何。

⒀大熊市：空頭市場中如何致富
約翰‧羅富齊◎著　范振光◎譯　定價：280元

當大熊撲向股市，不要絕望，致富的新機會可能正撲向你。1970年空頭市場，《投資騎士》作者羅吉斯的投資額增加2倍；1992年大空頭，大通銀行總裁魏根，3個月內獲利400萬美元；1997年的黑色星期一，三十幾歲的馬提諾，當天賺進數百萬美元；和彼得‧林區合著多本書的羅富齊，在《大熊市》中，教你空頭市場的致富策略。

⒁飛越金融風暴：顛覆傳統的投資觀念
謝金河◎著　定價：320元

財訊文化事業執行長、《今周刊》發行人謝金河，累積了十數年的股市、投資經驗，針對這波金融風暴造成的影響，對投資行為的衝擊，以及投資人應該採取的因應策略，提出了「顛覆傳統投資觀念」的看法。本書精選《今周刊》最受歡迎的「老謝開講」專欄、《財訊快報》主筆室重要文章，重新編選、增補，不僅是對金融風暴過程的詳細記錄，更是探索未來投資趨向的重要索引。

⒂網路下單：上網投資與法律保障
鐘明通、謝穎昇、陳鈺斐◎著　定價：250元

網路下單正席捲傳統的股票市場，而且「網路下單」好處多得說不完，本書Step-by-step告訴您如何透過網際網路點石成金，投資國內股市以及國外股市。同時作者更深入各種法律層面，剖析網路下單所牽涉的各種法律問題，是您最佳的參考寶典。

⒃高科技選股策略：快速掌握科技趨勢與潛力企業
麥克‧墨菲◎著　張琇雲◎譯　定價：320元

本書分析軟硬體、電信通訊、生物技術、網際網路等全球八大高科技產業，著重長期投資的墨菲並教導投資人如何建立高科技投資組合，如何計算投資標的的跌價風險，以及如何運用墨菲特有並且經過事實驗證的成長流量模型，來提高投資報酬率。本書無疑是投資散戶介入高科技榮景的最佳利器。

⒄多空富豪：華爾街交易風雲錄
羅伯‧柯沛◎著　陳重亨◎譯　定價：250元

您曾體會在片刻之間失去所有財富的感覺嗎？《多空富豪》為您解讀全世界最優秀交易員的心智，並且掃視他們攀登交易圈領導地位的過程。若您本身是交易員，您會發現這些訪談深入又有趣，與您自己的生活和追求成功的無價秘訣有許多類似之處。若您不曾從事交易，卻很嚮往交易圈和交易員的生活，書中揭發的戲劇性和興奮感，將引領您自己去感受交易生涯。

投資理財 18

巴菲特投資手冊
—— 選股祕訣與實例演練
Buffett Step-by-Step : An Investor's Workbook

作　　者：理查·席蒙斯（Richard Simmons）

譯　　者：范振光

發 行 人：邱永漢

總 編 輯：楊　森

主　　編：瞿中蓮

副 主 編：王碧珠

責任編輯：李靜雯

出 版 者：財訊出版社股份有限公司

　　　　　台北市南京東路一段52號7樓

　　　　　訂購服務號碼：(02)2511-1107

　　　　　訂購傳真號碼：(02)2536-5836

　　　　　郵撥：11539610財訊出版社

電腦排版：中克電腦排版企業有限公司

製版印刷：中原造像股份有限公司

總 經 銷：聯豐書報社

　　　　　台北市重慶北路一段83巷43號

　　　　　電話：（02）2556-9711

登 記 證：行政院新聞局版台業字第3822號

出版日期：1999年5月初版一刷

　　　　　1999年7月初版二刷

定　　價：220元

國家圖書館出版品預行編目資料

巴菲特投資手冊：選股祕訣與實例演練／理
查・席蒙斯(Richard Simmons)著；范振光
譯. — 初版. — 臺北市：財訊，民88
　　面；　公分. — (投資理財；18)
譯自：Buffett step-by-step ： an
investor's workbook
ISBN 957-8390-22-X（平裝）

1.證券 – 美國　2.投資 – 美國　3.企業
– 美國

563.652　　　　　　　　　　88006758